# 人間関係の心理学

すぐに使える！ 人づきあい改善のポイント

心理学者 浮谷秀一 監修

# はじめに

「なぜ、あのとき私は怒ってしまったのだろう?」
「なぜ、彼はあんな態度を取るのだろう?」

日常生活の中で、こんなふうに悔んだり、思い悩んだりすることはしばしばあります。

自分でもよくわからない感情や、思いがけない相手の行動――。その裏には必ず、なんらかの心の働きがあります。私たちの会話や行動は、すべて心がつかさどっているといっても過言ではありません。

でも、やっかいなことに心は見えません。そのため、相手の言葉を誤解したり、自分の気持ちをうまく伝えられずに悶々としてしまうのです。

私たちは社会の中で生きており、さまざまな人とのかかわりを避けては通れません。だったら少しでも良い関係を築いていきたい、と思うのは当然です。

近年、心理学がちょっとしたブームになっているのも、他人の心理を知って、スムーズにコミュニケーションを取れるようになりたいと、多くの人が願っているからではないでしょうか。

その願いに応えようと、本書には、人間関係をよくするために、実際に役立つテクニックを満載しました。

さらに、心理学のエッセンスもぎっしり詰め込み、「あの人はなぜ?」「あの行動はなぜ?」という疑問にも答えられるようにしています。

この本があなたの人間関係の悩みを解消し、より楽しく充実した日々を送る一助になれば幸いです。

「人間関係の心理学」すぐに使える！　人づきあい改善のポイント◆目次

※本書は2012年発行の『わかる！使える！人間関係の心理学』を元に加筆・修正を行っています。

# Part 2 恋愛下手にさよならできる心理学……69

## Part 4 性格を知る心理学……169

# Part 1

# 人間関係の悩みを解決する心理学

人間関係の心理学1

孤独感と上手につき合うポイント

# 気持ちを適度にコントロールしよう

## 1人がさびしいのは私だけでしょうか？

人は痛みには耐えられますが、孤独には耐えられないのが普通です。さびしいと、死んでしまう生き物です。ですから本能的に仲間を求めます。この、だれかといっしょにいたい、仲良くしたいという欲求を「親和欲求」と言います。

親和欲求の強さは人それぞれです。1人でも平気、1人のほうが好き、という人もいれば、常にだれかといっしょでなくては不安という人もいます。

一般には、男性より女性のほうが親和欲求が強いと言われています。たしかにグループで食事など、何かと行動を共にしがちですね。

親和欲求は、他人と良好な人間関係を結ぶうえで欠かせないのですが、「自分は嫌われたくない」「仲間はずれにされたくない」という意識が強く働き、周囲に合わせようとして自分の意見が言えなくなるなど自分を見失いがちになります。これはリアルな世界だけではなく、ネットの世界でも言えます。親しい人との人間関係を維持したいという気持ちが強いと、メールやＳＮＳで何度も頻繁に連絡を取ろうとし、その度合いがすぎると相手に迷惑をかけることにもなりかねません。

また、親和欲求が強すぎて満たされないと、不安や孤独感に陥ることがあります。孤独を感じたときには寂しいという気持ちを受け入れたうえで、趣味に興じる、ペットに触れる、ラジオなどをつけて人の声を流し続けるなど、自分の気持ちを適度にコントロールしましょう。

自分が孤独感に悩まされないためには、気持ちの適度なコントロールが大切。

# みんな、さびしいと思うときがある

## Q. 親しい友人はいますか？（複数選択可）

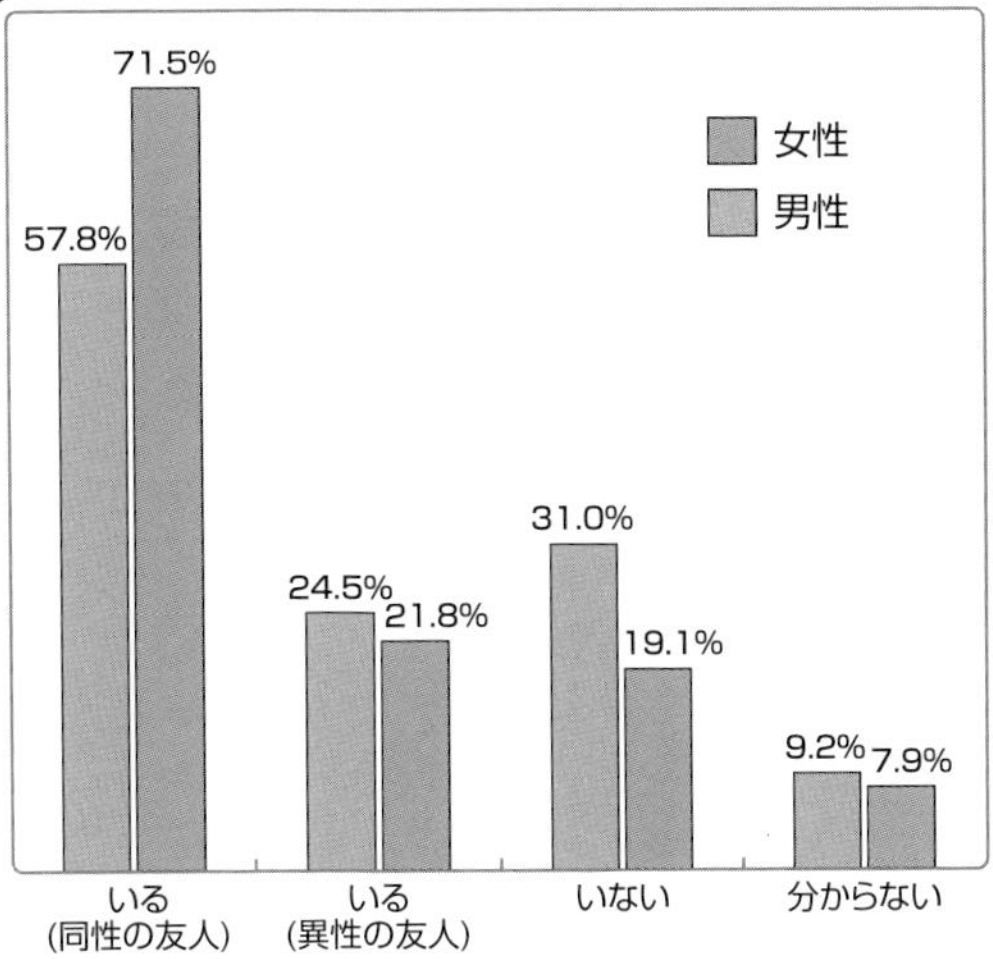
女性
男性
57.8%
71.5%
24.5%
21.8%
31.0%
19.1%
9.2%
7.9%
いる（同性の友人）
いる（異性の友人）
いない
分からない

## Q. どんなときに孤独を感じますか？（複数選択可）

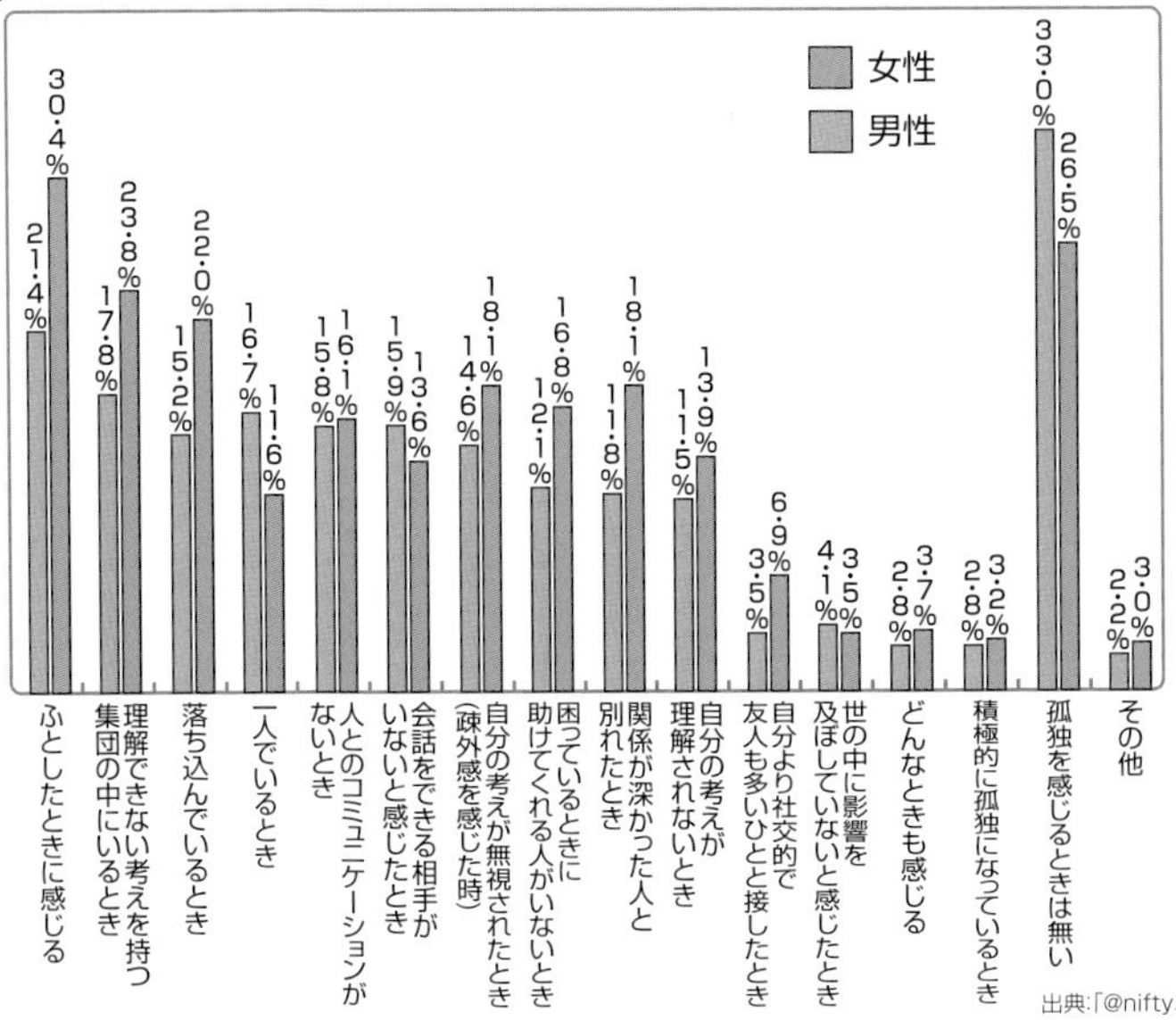
女性
男性
21.4%
30.4%
ふとしたときに感じる
17.8%
23.8%
理解できない考えを持つ集団の中にいるとき
15.2%
22.0%
落ち込んでいるとき
16.7%
11.6%
一人でいるとき
15.8%
16.1%
人とのコミュニケーションがないとき
15.9%
13.6%
会話をできる相手がいないと感じたとき
14.6%
18.1%
自分の考えが無視されたとき（疎外感を感じた時）
12.1%
16.8%
困っているときに助けてくれる人がいないとき
11.8%
18.1%
関係が深かった人と別れたとき
11.5%
13.9%
自分の考えが理解されないとき
3.5%
6.9%
自分より社交的で友人も多いひとと接したとき
4.1%
3.5%
世の中に影響を及ぼしていないと感じたとき
2.8%
3.7%
どんなときも感じる
2.8%
3.2%
積極的に孤独になっているとき
33.0%
26.5%
孤独を感じるときは無い
2.2%
3.0%
その他

出典:「@niftyニュース」

人間関係の心理学 2

初対面の印象を良くするポイント

# まずは自分がどんな印象なのかを知ろう

## 最初の数秒で決まるってホント?

人は、初対面の相手の印象を、ほんの数秒で決定すると言われています。しかも、その感覚を長く記憶にとどめ、容易に変えません。

たとえば、初対面のときに、明るくさわやかな人という印象を受けると、二度目に会ったときに不機嫌な顔をされても「どうしたんだろう、今日は体調でも悪いのかな」と好意的に考えます。逆に、最初に、ムスッとしていていやな人と思うと、次に会ったときにニコニコされても、「なんだか気味が悪い。何か企んでいるのではないか」とかえって警戒してしまうのです。

このように、最初の印象が後々まで影響を及ぼすことを「初頭効果」と言います。私たちが思っている以上に、第一印象は大切というわけです。

では、どうすれば第一印象は良くなるのでしょうか。アメリカには「一度与えた第一印象をやり直すチャンスは二度と訪れない」ということわざがあります。それほどイメージは重視されており、盛んに研究されています。

印象を形作っているのは、服装やヘアスタイル、体型、表情、しぐさ、姿勢、声のトーン、話し方などです。受け手の体験や知識によっても印象は左右されるので、こうしたら好印象を与えられるという決定打はありません。しかし、ある程度は人に与える印象は自力でも操作できると考えられています（P17参照）。

まずは、自分がどんな印象を与えているのか知ることが大切です。

自分の第一印象は？ 家族や信頼できる友人に客観的な意見を聞こう。

# 初対面の印象は記憶に焼きつく

アメリカのことわざ
**You never get a second chance to make a first impression.**
**一度与えた第一印象をやり直すチャンスは二度と訪れない。**

**はじめによい人と思われる → その後多少ドジを踏んでもだいじょうぶ**

**はじめにいやな人と思われる → なかなか挽回するのが難しい**

出会いの印象をよくする
→ スムーズな人間関係につながる

人間関係の心理学 3

好感度を上げるポイント

# まずは身だしなみを整えよう

## 「外見でNG」はショック。好感度を上げるには？

私たちは外部からの情報の大部分を視覚から得ています。つまり、外見が第一印象を決定する最大の要素と言えるでしょう。

髪はぼさぼさ、だらしないかっこうをした不潔っぽい人と、きちんと手入れの行き届いた髪、清潔な身なりをしている人と、どちらに好印象を持つか、言うまでもありませんね。「人を見かけで判断してはいけない」とよく言われますが、実際には、私たちはほとんど見た目で判断しています。

私たちは「外見がよい人は人柄もよい」「上等のスーツを着ていると紳士」と思い込みがちです。これを「ハロー効果」といいます。ハロー効果によって、容姿など、その人を目立たせている特徴が、全体の印象にまで影響を及ぼします。

初めて会った人に対して、容姿や服装、学歴や職業などにおいても、その特徴に引きずられて良い・悪いの印象を持ったり、その人を評価しがちになります。ハロー効果はかなり威力がありますから、よい人間関係を築くために、上手に利用するといいでしょう。

したがって好感度を上げるためには、何より身だしなみを整えることが先決です。また、姿勢や話し方にも注意を払い、自然な笑顔を絶やさないようにしましょう。

男性アナ、女子アナの清潔感と仕事デキる感がお手本。好感度を上げよう。

# 見た目がいいと中身もよく見える

## 第一印象をよくするコツ

### 姿勢がいいと印象もよくなる

自分ではよい姿勢と思っていても、意外に猫背になっていたり、意識しすぎてそっくり返っていたりするもの。鏡の前で自分の姿勢をチェックしてみよう！

**1** 上から頭を糸で吊り下げられているイメージで、背筋を伸ばす。

**2** あごを引く。

**3** 肩の力を抜いて、左右の高さをそろえる。

**4** おなかを引っ込める。

**5** 肛門に軽く力を入れて、お尻の筋肉を引き締める。

**6** 膝を伸ばす。

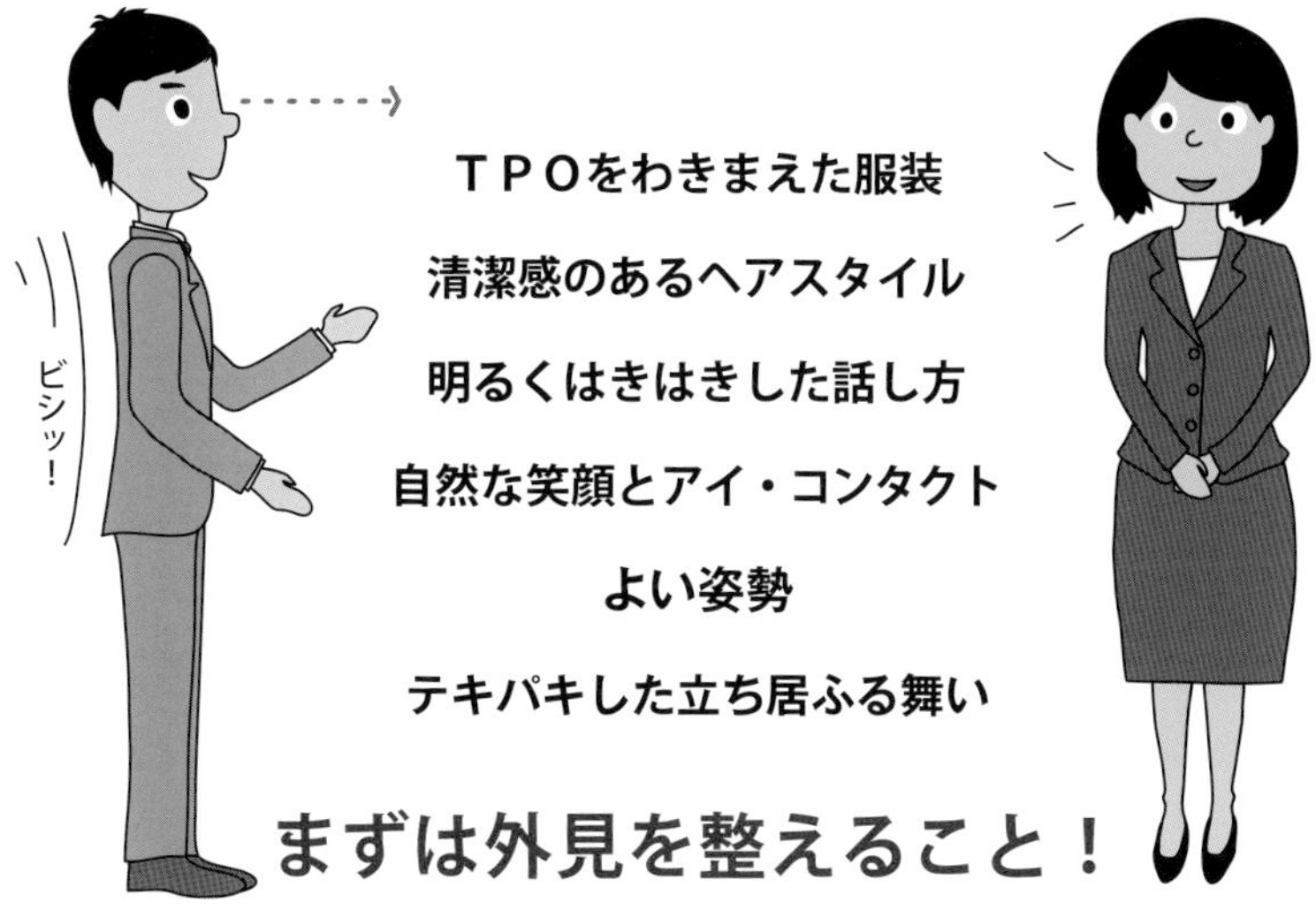
ビシッ！
ＴＰＯをわきまえた服装
清潔感のあるヘアスタイル
明るくはきはきした話し方
自然な笑顔とアイ・コンタクト
よい姿勢
テキパキした立ち居ふる舞い
まずは外見を整えること！

人間関係の心理学 4

自分を上手にアピールするポイント

# 意図的に自分の印象を操作しよう

## 相手に好印象を持ってもらうにはどうすれば？

相手に与える印象は、ある程度自分で操作できます。

たとえば、リクルートスーツに身を包むと、それだけできちんと感が出て、まじめな青年という印象を与えられます（P16参照）。しかし、お見合いパーティーにリクルートスーツで参加する人は少ないでしょう。そういうときは、おしゃれなジャケットやスーツで、センスのよさをアピールしたほうが受けがいいからです。

このように、相手に好印象を持ってもらうために意図的に自分の印象を操作することを、「自己呈示」といいます。自己呈示は目的によって、大きく次のように分けられます。

①戦術的か戦略的か

戦術的自己呈示は、一時的に自分の印象をよくするために行うもので、取り入り、自己宣伝、威嚇、哀願、示範、称賛付与、弁解、正当化、謝罪などがあります。

一方、戦略的自己呈示は、長期的に自己のイメージを作りあげ、尊敬や信頼、地位などを得るものです。

②主張的か防衛的か

①はさらに、主張的自己呈示と防衛的自己呈示とに分けられます。前者は、積極的に働きかけてよい印象を与えようとするもの。

後者は、自分のイメージダウンを最小限に抑えるために行うものです。①の戦術的自己呈示のうち、弁解や正当化、謝罪などがこれにあたります。印象の操作というと腹黒いようですが、実はとても大切なことなのです。

よい人間関係を築くためには、適切で賢い自己呈示は欠かせない。

# 自己演出も好印象のために大切なこと

## 自分を上手にアピールするには

### 戦術的・主張的自己呈示

●**取り入り**

好感を持ってもらうために、お世辞を言ったり、相手の意見に同調したりする。

●**自己宣伝**

自分の能力をアピールするために、自分の実績や経歴などを強調して言う。

●**威嚇**

自分の力を誇示するために、怒鳴りつけたり威張ったりする。

●**哀願**

同情をひくために自分の弱さを見せる。たとえば、体調の悪さを訴えたり泣いたりする。

私は○○を受賞しました。
ちょっと来客があって…
先日はお忙しい中…

### 戦術的・防衛的自己呈示

●**弁解**

少しでもイメージダウンを防ぐために、いろいろな言い訳をする。

### 戦略的・主張的自己呈示

●**尊敬**

長期的な戦略を立て、自分のイメージを作り上げる。たとえば、尊敬を得るために常に礼儀正しく振る舞う、信頼を得るために季節の見舞状をきちんと出す。信頼を得るには焦らないことが大切。焦ると見透かされる。

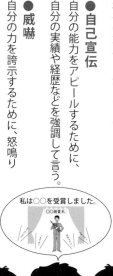

人間関係の心理学 5

相手に好意を持ってもらうポイント1

# 笑顔でアイ・コンタクトしよう

## 相手から好意を持ってもらうには

初めて会ったとき、相手がにっこり笑いかけてくれると、緊張が解けてほっとしますね。自分を受け入れてくれていると思えるからです。笑顔がステキだとそれだけで人柄までよく見えて、好感度がぐっとアップします。笑顔は良好な人間関係を築く、必須アイテムです。

しかし照れくさいのか、慣れていないせいか、自然に笑うことがなかなかできない、という人も多いようです。そんな人は、家で鏡を前に練習してみるといいでしょう。「イ」と発音するときの要領で、口角をぐっとあげます。顔のストレッチなどをして表情筋を鍛えると、表情が豊かになり、自然な笑顔を作りやすくなります。

笑顔は、言葉以上に雄弁に好意を伝えます。人は、相手が自分に好意を持ってくれていると感じると、自分も相手に好意を持つものなのです。これを「好意の返報性」と言います。

このほか、相手に好意を伝えるものとして、アイ・コンタクトがあります。アイ・コンタクトとは目と目を合わせること。適度なアイ・コンタクトは人間関係の基本ともいえます。相手に会ったら、笑顔でアイ・コンタクトを取り、軽く会釈をしましょう。

もちろん、いくらアイ・コンタクトが大切といっても、恋人同士でもないのに、じっと見つめすぎてはいけません。相手を緊張させ、不快感を与えてしまいます。

最悪なのは、目を合わせようとしないこと。これは「私はあなたが嫌いです」と言っているようなものです。

**自分から笑顔でアイ・コンタクトを取れば相手から必ず好意を持ってもらえる。**

# 鏡を見ながら練習するのが一番

## 自然な笑顔とは？

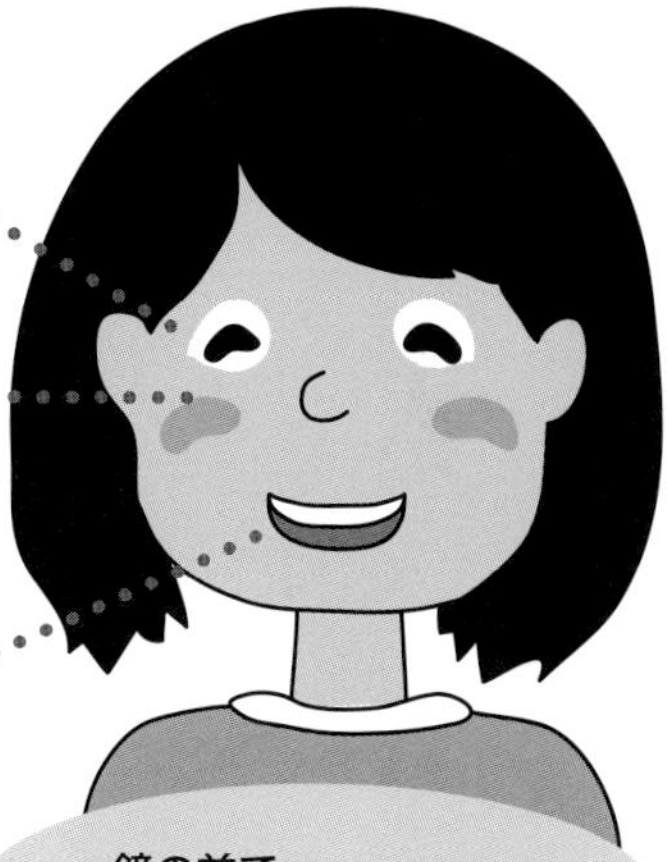

**目尻が下がっている**

**両頬がバランスよく上がっている**
（片頬だけ上げるとイヤミな笑いになってしまう）

**口角が上がり、上の歯が見えている**
（下の歯は見せないように）

鏡の前で
「イ」と言ってみよう。

**簡単**
**顔のストレッチ**

**できるだけ口を大きく動かし、ゆっくり、ア・イ・ウ・エ・オを繰り返す。**

## 感じの良い笑顔を作る方法

●感情を素直に表現できるように、**映画やDVD**を見て、思いっきり笑ったり泣いたりする。

●鏡の前でこまめに笑顔チェック。

●人と会う前は**楽しいこと**を考え、気持ちを高揚させておく。

●周りの人に、意識して笑顔で接するように心がける。

●顔のストレッチ運動で、**表情筋**を鍛える。

人間関係の心理学 6

# タイミング良くうなずき、相づちを打とう

相手に好意を持ってもらうポイント2

## 相手に好かれるには話し上手と聞き上手のどっち？

出会いはうまくいっても会話でつまずく、という人は多いもの。何をしゃべったらいいかわからない、シーンとしてしまったら気まずい――。なんとか場をもたせようと焦れば焦るほどぎくしゃくしてしまった、なんてことはありませんか？

いつも楽しい会話で場を盛り上げる人は、たしかに人気者ですが、実は、だれにでも好かれるのは、聞き上手な人なのです。と言うのは、話したい、自分の話を聞いてほしい、とみんな思っているからです。

心理学者マタラゾは、警察官や消防士などの採用試験で、積極的にうなずいた場合と普通に対応した場合とでは、どのように応募者の反応が変わるか実験しました。

すると、面接官が積極的にうなずいたときには、85％の応募者の発言数が増加したのです。発言の量は約50％も増えていました。

このように、相手がうなずきながら聞いてくれると、興味を持ってくれているのだなと感じ、より積極的に話そうという気持ちになるのです。

ですから、会話を弾ませたいと思うのなら、あなたは無理にしゃべる必要はありません。うなずけばＯＫ。

人はだれしも、他人に認められたい、自分を受け入れてほしいという欲求を持っています。あなたのうなずきは、この欲求を満たしてくれるのです。

ただうなずくだけではなく「そうなんだ」とか「それで？」と言葉でもうながしてあげると、より効果的です。

耳を傾け、タイミングよくうなずき、相づちを打ってあげるだけでいい。

# しゃべるより、耳を傾けると愛される

## 会話をはずませるテクニック

**1 アイ・コンタクト**
話を聞いているというサインになる。

**2 うなずき、相づち**
あなたに興味がある、あなたを受け入れている、というサインになる。相手の承認欲求や自尊欲求が満たされる。

**3 バックトラッキング**
相手の発言やキーワードを繰り返したり、話を要約したりする。きちんと聞いている、あなたに好意がある、というサインになる。

**4 ペーシング**
話すリズムやスピードなど、話のペースを相手に合わせる。相手に親しみを感じてもらえる。

**5 ミラーリング**
ドリンクを飲むタイミングや笑うタイミング、しぐさなどを相手に合わせる。ただし、あからさまにまねしてはダメ。さりげなく！相手に親近感を持ってもらえる。

**6 笑顔**
好意を示すにはもっとも効果的。面白いときは声を出して笑うと、相手はさらに気持ちよくしゃべれる。

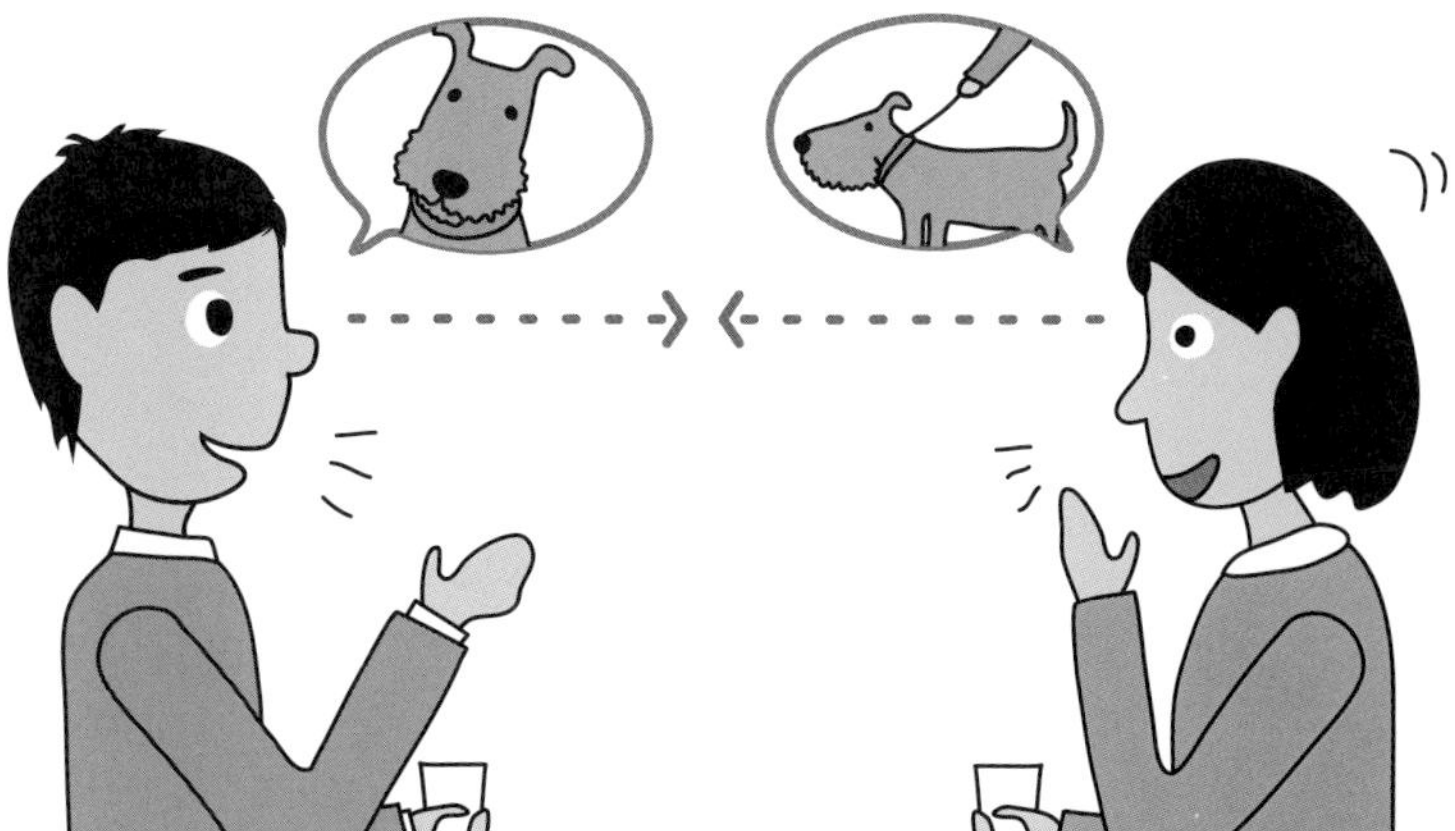

人間関係の心理学 7

相手との心理的距離を近づけるポイント

# 少しずつ自分の情報を出していこう

## もっと相手と近く、親しくなるには？

ここまでのテクニックを駆使すると、かなり会話はスムーズに進められるようになるはずです。でも、相手ともっと親しくなりたいというときは、どうすればいいでしょうか。

そんなときにおすすめなのが「自己開示」です。自己呈示では自分の印象を意図的に作り上げましたが、自己開示では素直に自分のプライベートなことを話します。

「実は私は九州の出身で……」「実はこの間仕事で大失敗しちゃって……」などと、趣味や仕事、家族のことや将来の夢、今思っていることなどを率直に話すのです。

「それだけで？」と思うかもしれませんが、親しさを増す効果は抜群。実際「実は…」と打ち明け話をされたとき、一気に距離が縮まる気がしませんでしたか？

自己開示は、相手を信頼しているからこそできること。自分のことを話すなんて気恥ずかしいとか、かえって嫌われるのではないか、と思う人もいるかもしれませんが、自己開示と親密性には密接な関係があることがわかっています。

そのうえ、こちらが自己開示をすると、相手も「実は私も……」と心を開いてくれるようになります。これを「自己開示の返報性」と言います。こうして、互いの自己開示が深まるにつれ、親密度も高まっていきます。

ただし、初対面のときからあまり深い自己開示をするのは禁物。相手との関係を築きながら、少しずつ自分の情報を出していくといいでしょう。

自己開示すると「あなたを信頼し、好意を持っています」が伝わる。

# 飾らない、オープンハートで話そう

## 上手な自己開示で親しくなる！

### 自己開示の内容

- **趣味**、**出身地**、家族のこと、家庭の話、仕事、今考えていること、**将来の夢**、**悩み**、価値観、人生観など
- 特に**失敗談**は効果的

**あなたが心を開いたぶんだけ、相手も心を開いてくれる。**

### 自己開示するときの注意点

- 最初から、**深刻な悩み**を打ち明けたり、長々と**しゃべりすぎない**
  「実は彼が二股していて、無職だし借金を返してくれないし……」
  相手は**どん引き**
- 相手の**見返りや反応は期待しない**
- 自己顕示にならないように気を付ける

「実は………かくがくしかじか…かくがくしかじか……

人間関係の心理学 8

相手から嫌われないポイント

# 最初のうちは、モメそうな話題は避けよう

## どうして苦手な人がいるのでしょう？

だれしも、ウマが合わない人や嫌いな人の、1人や2人はいるでしょう。知り合ったすべての人を好きになるのは難しいことですが、それはどうしてなのでしょうか。

「類は友を呼ぶ」と言われるように、一般には人は自分に似た人に好意を持ちます。自分と同じような意見や価値観を持っている人とは気持ちよく話せますし、相手の考えや行動がある程度予測できるため、安心できるのです。

逆に言うと、自分と異なっている人は嫌いになりがちです。相手が何を考えているのかわからなかったり、反対意見を述べられたりすると不快になります。それが重なるうちに、嫌悪感が醸成されていくのです。

好きとか嫌いという感情は、相手の感情とバランスを取ろうとするのがふつうです。ですから、こちらが嫌えば必ず相手にも嫌われます。これを「嫌悪の報復性」といいます。もちろん、その逆も言えることで、好意には好意が返ってきます。そんなに難しく言わなくても、私たちが日常的に経験していることですね。

はっきりした原因があって嫌いになるのはしかたがないですが、ささいなことで苦手意識が根付き、嫌いになってしまうこともままあります。はじめのうちは、対立しそうな話題は避けること。もし、意見が合わなかったら、それだけで相手にマイナス感情を持つようになってしまいます。また、何かの話題を振って相手が興味を示さない場合は、すぐに話を切り替えましょう。

**相手のことがよくわからないうちは、モメそうな話題は避けるのが賢明。**

# カン違いで嫌っていたらもったいない

好意には好意が、嫌悪には嫌悪が返ってくる。
人に嫌われないためには、自分が嫌わないことがいちばん。

自己開示が進んでいないときは、危ない話題は避ける。
相手が興味を示さないときは、すぐに話題を変える。
ささいなことで、相手が自分を嫌っているのではないかと早とちりしない。
偏見や思い込みで嫌いになっていないかチェックしよう。

それでも嫌いになってしまったら、
できるだけ距離を置いて、かかわらないようにしよう。

**嫌いなもの**から遠ざかるのは、
**人間の本能**なのである!。

……。

人間関係の心理学 9

相手との心理的距離を縮めるポイント

# 自然に相手と近づける場所を探そう

## 必要以上に近づかれたくないのはなぜ？

混み合った電車やエレベーターに乗ると、イライラしませんか？　少しでも自分のまわりにスペースを作ろうと、むなしい努力を重ねることもあるでしょう。

親しくもない人にくっつかれると、だれしもいやな気分になります。これは、自分の「パーソナル・スペース」が侵されたと感じるからです。

パーソナル・スペースとは、それぞれが持っている心理的な縄張りのようなもの。入ってほしくない人に侵入されると、私たちは不快になったり落ち着かない気分になったりします。この縄張りは無意識に持っているもので、相手との親密度によって広がったり縮んだりします。

たとえば、恋人同士なら、満員電車でなくても肩を寄せ合っていますが、空いているのに他人がぐっと近づいてきたら、気持ち悪いですね。何の考えもなく接近しすぎて、女性から不快に思われているのに気付かない男性はいませんか？

このように、パーソナル・スペースは見知らぬ人や嫌いな人に対しては広がり、親しければ親しいほど、狭く小さくなります。一般には、女性より男性のほうが広く、年齢や性格、相手への好感度、国民性、文化などによっても異なってくると言われています。

そこで、逆に言うなら、仲良くなりたい相手とはパーソナル・スペースを縮める方法を考えればいいわけです。カラオケボックスや居酒屋のカウンター席など、自然に相手と近づける場所に行くのも一つの手なのです。

**不快感を与えないためには、パーソナル・スペースを知り、適切な距離を保つこと。**

# 女性の同僚や部下に近づきすぎ？

## 適切な距離を知っておこう

0〜15 センチ

密接距離
親子や恋人、夫婦など、ごく親しい人だけに許される距離。

45〜120 センチ

個体距離
友人などと個人的な会話を交わすときに適した距離。

1.2〜3.6 メートル

社会的距離
同僚と机を並べて仕事をするときに適した距離。

3.6 メートル以上

公的距離
個人的な関係はない、見知らぬ人との距離。

距離を縮めたいときは、
パーソナル・スペースに自然に入れる場所に行こう！

人間関係の心理学 10

相手と親しくなるための言葉づかいのポイント

# 私とあなたではなく「私たち」と言おう

## ていねいすぎると逆効果？

パーソナル・スペースと同じく、言葉づかいにも心理的距離が反映します。この、相手との心理的距離を「近接度」と言います。

私たちは、通常、さほど親しくない人や目上の人にはていねいな言葉づかいをし、友達にはフレンドリーに話しかけます。近接度に応じて、言葉づかいを変えているのですね。何事にも距離感が大切で、うっかり踏み外すと悲惨なことになります。

「さあ、みんな今日は無礼講だぞ。遠慮はいらんぞ」などと上司に言われ、調子に乗って馴れ馴れしく話しかけたりしたら、そのときは見逃してくれても、良い評価はされないでしょう。

逆に、親しい間柄なのに言葉づかいがていねいすぎると、よそよそしい感じになり、「ひょっとして何か怒っているのだろうか」と相手に勘違いさせてしまいます。ていねいすぎると、距離感を感じさせてしまうのです。

近接度の高い言い方をすればするほど、親密感が増します。キーになるのは、能動性、直接性、共同意識です。

●能動性　「行かない？」よりも「行こうよ」。

●直接性　ただ「ステキ」と言うより「あなたはステキ」。また「あなた」より「○○さん」と相手の名前を呼ぶ。さらに高めたいときは名字ではなく、下の名前で呼ぶ。

●共同意識　「あなたと私」とか「2人でいっしょに」より「私たち」を使う。

言葉づかいでも関係を深めることができるのです。

フレンドリーな言葉を使おう。特に共同意識を持たせる「私たち」は効果大。

# こんな言葉づかいで好意を伝えよう

心理的な距離と言葉遣いには密接な関係が

## 近接度によって表現はどう変わる？

いっしょに机の上を片付けたいとき

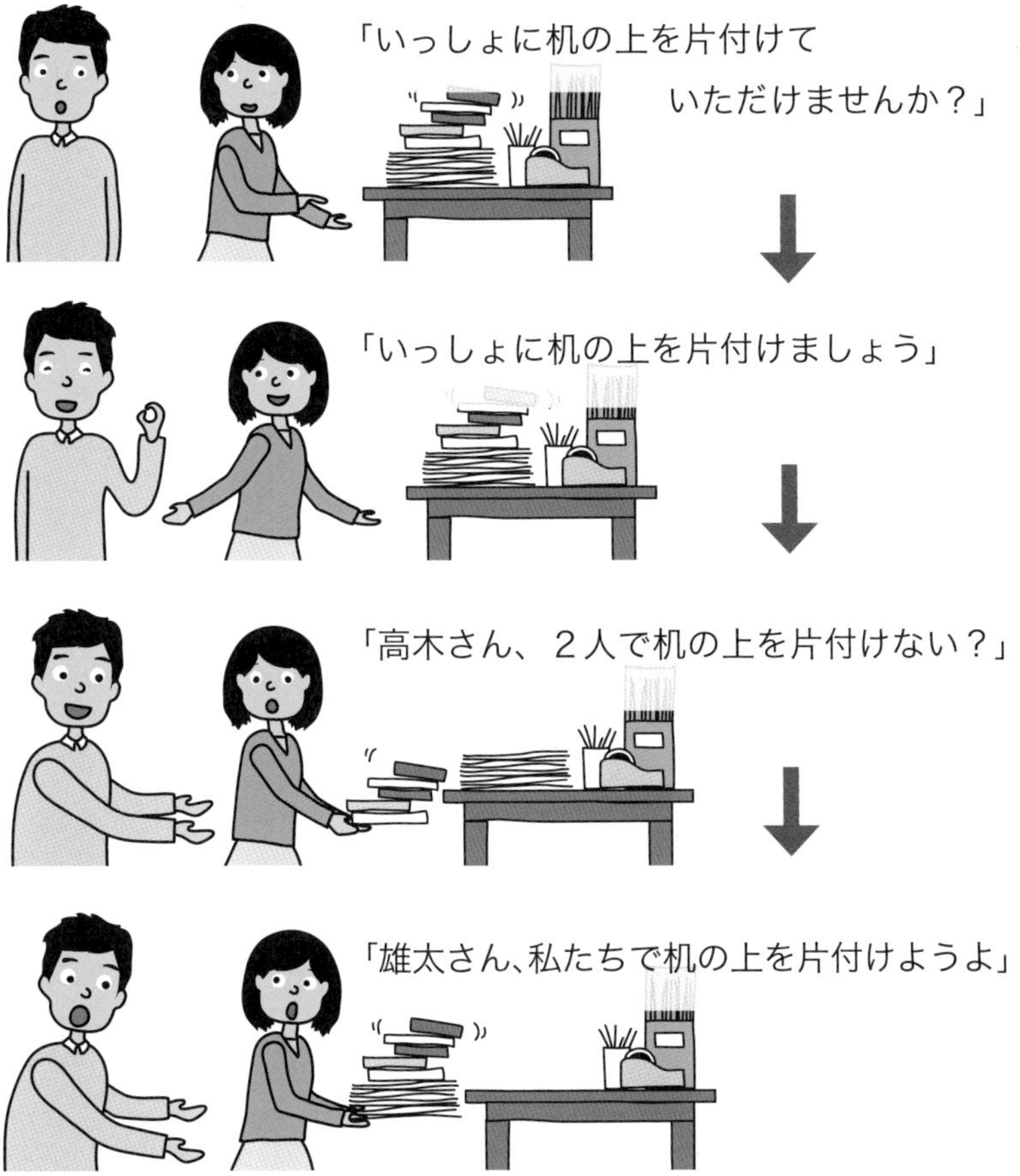
「いっしょに机の上を片付けていただけませんか？」
「いっしょに机の上を片付けましょう」
「高木さん、２人で机の上を片付けない？」
「雄太さん、私たちで机の上を片付けようよ」

親しくなりたいときは言葉づかいの近接度を高めていき、疎遠になりたいときは低くする。

人間関係の心理学 11

## 相手を不愉快にさせない断り方のポイント

# ワンクッションになる言葉を入れよう

### NOを上手に言うにはどうすればいい？

断るのが苦手という人は多いものです。「相手が気を悪くするのではないか」「嫌われてしまうのではないか」と思うと、なかなかはっきりNOが言えないのです。

でも、あなたが思っているほど、相手は気にしていないのがふつうです。人間関係が悪化するとすれば、断ったからではなく、断り方が悪かったのです。一番いけないのは、イエスかノーかはっきりしないこと。言葉はやわらかく、しかし意志はきちんと伝えましょう。

たとえば、誘いを断るときは、まずは「お誘いありがとう。うれしいわ」と感謝の気持ちを述べます。次に「でも、その日は都合が悪くて行けないの。ごめんなさい」などと、断る理由を述べます。頭から断るのではなく、ワンクッション置くようにすると、相手もさほどいやな気分にはなりません。

また、できるなら代案を出しましょう。たとえば、仕事の非常に忙しいときに何か依頼されたとします。

「忙しいから無理です」とそっけなく断ったのでは、あなたの信用がなくなります。「来週まで待っていただけるのならやらせていただきます」とか「この部分だけならできます」と条件を出すのです。こうすると、あなたの誠意が伝わり、相手も納得してくれるでしょう。

断るときにもっとも大切なことは、要望に対してノーを言っているだけで、その人自身を拒絶しているのではない、ということをわかってもらうこと。誠実に相手を思いやれば、あなたの気持ちが伝わるでしょう。

**まず「ありがとう」、NOの理由、代案を言う。相手への思いやりが大切。**

# 断るのは悪いことではない

## 断るときの心構え

1 はっきり決意する。
断るかどうかはっきり決める。あいまいな気持ちのままでは断れない。

2 頭から断らない。
相手の気持ちを尊重して、できれば期待に沿いたいのだが、という思いを伝える。

3 意志をはっきり伝える。
断りにくいからといって、イエスかノーかわからないような返事はしない。互いに時間を無駄にするだけ。

4 ずるずる返事を延ばさない。
延ばせば延ばすほど断りにくくなる。

5 簡潔にきっぱりと。
駆け引きしようとしたり、くどくど言い訳しない。

6 罪悪感を持たない。
断ったら、その話はおしまいにする。くよくよ考え込まない。断るのは悪いことではない。

●ビジネスの場合の注意点

**断る理由をきちんと説明する。**
**「あいにくですが」「申し訳ありませんが」などの言葉を添えて丁重に断る。**
**「できません」ではなく「～ならできます」と代案を示す。**

人間関係の心理学
12

相手の心理状態を見抜くポイント

# 話すスピードは心理状態も表わしている

## 早口な人、ゆっくりな人、違いはなんですか？

話すスピードは人それぞれです。個性の一つとも言えますが、実は心のなかも表わしています。

一般に、早口の人はせっかちで頭の回転が速いと言われています。たしかにその傾向があり、次々に言いたいことがあふれて、早口になる人が多いようです。また、競争心が強い人や自己主張が強い人も早口になりがちです。つけいるスキを与えず、少しでも早く自分の考えを述べて、主導権を握りたいという気持ちが働くのです。

なかには、場を盛り上げたい、と思うあまりに早口になる人もいます。話の中身があまりなくても、スピードがあれば幻惑できるというわけです。

ただし、急に早口になるときは、ウソをついているか、何か後ろめたいことがある、と考えられます。見破られたら困るという焦りや不安が、早口となってあらわれるのです。あがっているときもそうですね。その場から早く逃れたい、という気持ちが早口にさせるのです。

一方、ゆっくり話す人は、自分に自信がある人です。スピードで丸め込んだり、先んじて意見を述べたりしなくても、相手は自分の意見を尊重してくれるはず、と自信を持っているのです。こういう人は、落ち着いて慎重に言葉を選んで話すため、説得力があります。

ただし、話している途中で急にスピードが遅くなった場合は、時間稼ぎをしているのかもしれません。ゆったりした口調とは裏腹に、内心は焦って、どうしようかと必死に頭を回転させている可能性があります。

早口になるのは「ウソをついている」「後ろめたい」「逃れたい気持ち」のあらわれ。

# 話し方で見抜ける相手のタイプ

## 話すスピードにも性格があらわれる

早口の人はこんな性格の人が多い。

せっかち、競争心が強い、自己主張が強い、サービス精神旺盛。

ゆっくり話す人はこんな性格の人が多い。

自信家、落ち着いている、冷静、マイペース。

相手のペースに合わせると話がはずむ。

早口の人としゃべるときは少しスピードを上げ、ゆっくりの人と話すときは自分もゆっくりしゃべろう。

聞き取りやすいスピードは、１分間に３００文字程度だよ。
一度チェックしてみよう。

人間関係の心理学 13

相手の気持ちを読み取るポイント

# 相手の表情やしぐさに注目しよう

## メッセージの65％は言葉以外から伝わる？

コミュニケーションの手段は言葉だけではありません。私たちは表情やしぐさからも、相手の気持ちや考えをくみ取ります。うれしいときのガッツポーズや怒っているときの不機嫌な表情など、言葉がなくても相手の気持ちはわかりますね。よく「顔に書いてあるよ」と言いますが、そのとおりなのです。

このような言葉以外の伝達方法を「ノンバーバル・コミュニケーション（非言語的コミュニケーション）」と言います。

表情やしぐさ、態度、ジェスチャー、アイ・コンタクトだけではなく、話すときの声の大きさやトーン、口調、スピードなども、ノンバーバル・コミュニケーションに含まれます。

同じことを言っても、大きい声で元気よく言うか、小さい声でぼそぼそ言うかによって、かなり印象は変わります。たとえば、「元気にやってるよ」と大きな声で言われると、本当にそうなんだと安心しますが、うつむきながら小さな声で「元気だよ」と言われても、にわかには信じがたいですね。

アメリカのコミュニケーション研究の第一人者、レイ・バードウィステルの調査によると、1対1のコミュニケーションでは、言葉によって伝えられるメッセージは全体の35％に過ぎません。残りの65％は身振りやジェスチャー、口調など、言語以外の手段によって伝えられているのです。

表情やしぐさに注目！　より正確に相手の気持ちを読み取れるはず。

# 言葉以外の身ぶり声音がものを言う

## 主なノンバーバル・コミュニケーション

| ボディー・ランゲージ | パラ・ランゲージ |
|---|---|
| 表情 | 声の大きさ |
| しぐさ | トーン |
| ジェスチャー | 口調 |
| 態度 | スピード |
| アイ・コンタクト | 間の取り方 |
| | 話し方 |

グループでおしゃべりするときは、言葉によって伝わる情報はわずか７％だそうだよ。相手に誤解されないように、しぐさや表情にも気を付けようね。

人間関係の心理学 14

# つま先の向きで関心度を読み取ろう

相手の足の動きから心理状態を読み取るポイント

## つい油断してしまうのが足の動き

表情やしぐさに相手の気持ちが表われると言いましたが、表情は意識してごまかせるので、うっかりすると読み違えることがあります。

しかし、しぐさにまではなかなか神経が行き届かないのがふつうです。特に、足の動きには内面が表われやすいと言えます。まさか、相手が足まで見ているなんて思わないので、つい油断してしまうのです。

たとえば貧乏ゆすり――。イライラしているとき、何か思い通りにいかないとき、ストレスや緊張をやわらげようとしているのです。ですから、相手が貧乏ゆすりを始めたら、飲み物をすすめたり、楽しい話題を提供したりして、リラックスできるように配慮してあげましょう。

また、男性の場合、足をゆったり自然に開いているときは、あなたに気を許しています。膝を閉じてそろえているときは、少し緊張して身構えていると考えられます。

女性の場合は、両足をそろえて左右どちらかに流している人は、プライドが高く自分に自信がある人と言われています。

男女とも、足組みは拒絶のシグナル。相手をこれ以上寄せ付けないために、足を組んで防御しているのです。

さらに、つま先の向きは関心度を示します。まっすぐあなたに向いている場合は、あなたと積極的にコミュニケーションを取ろうと考えています。しかし、つま先が横に向いていて体も斜めになっている場合は、あまりあなたの話に関心を持っていないと言えるでしょう。

本人も気付かないのが足の動き、つま先の向き。表面上と違うことも多い。

# 無意識に足の動きに内面があらわれる

## 足は内面を物語る

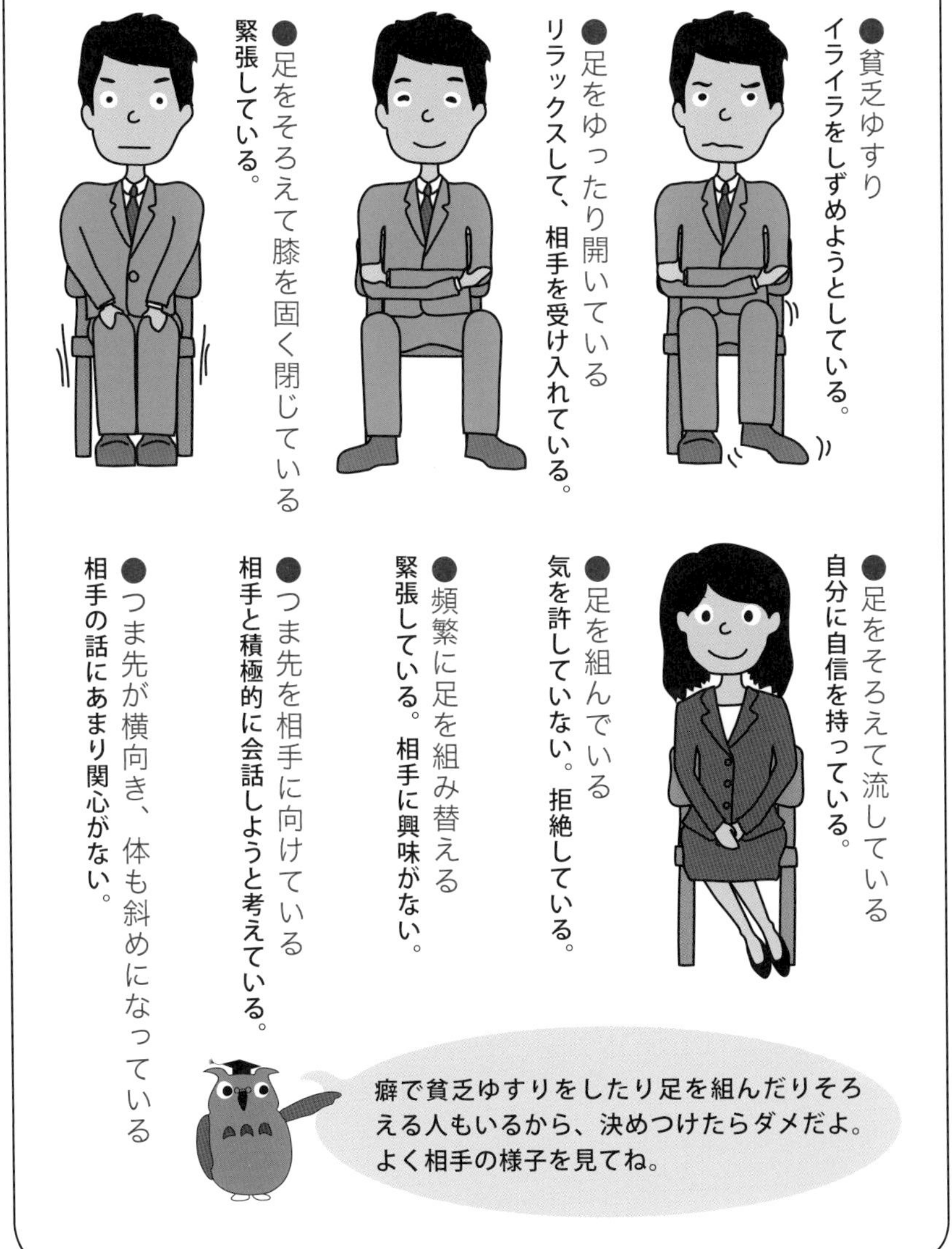
●貧乏ゆすり
イライラをしずめようとしている。
●足をゆったり開いている
リラックスして、相手を受け入れている。
●足をそろえて膝を固く閉じている
緊張している。
●足をそろえて流している
自分に自信を持っている。
●足を組んでいる
気を許していない。拒絶している。
●頻繁に足を組み替える
緊張している。相手に興味がない。
●つま先を相手に向けている
相手と積極的に会話しようと考えている。
●つま先が横向き、体も斜めになっている
相手の話にあまり関心がない。

癖で貧乏ゆすりをしたり足を組んだりそろえる人もいるから、決めつけたらダメだよ。よく相手の様子を見てね。

人間関係の心理学 15

# 急に手の動きが止まったら要注意

相手の手の動きから心理状態を読み取るポイント

## 手に表われる心理状態とはどんなもの?

手の動きからも、相手の気持ちが読み取れます。

たとえば、欧米人のように身振り手振りで大きく手を動かしている人は、少しでも自分の考えをわかってほしい、競争心が強くアグレッシブな人です。ただし、あまりにもオーバーな場合は、胸に一物あって、自分を誇示しようと躍起になっています。相手のペースにはまらないように注意しましょう。

また、手をポケットに入れたり、後ろに回している場合は、警戒している、あるいは何か後ろめたいことがあると考えられます。これは、自分の心理状態を悟られたくないときのしぐさです。ウソをついているときも、手の動きから見破られないように、隠しておく人がいます。

同じく、それまで話しながら手を動かしていた人が、急に止めたときも注意が必要です。ウソをつこうとすると緊張して体に力が入り、ピタリと動きが止まってしまうのですね。もっとも、ウソをつきなれている人は、そんなへまはやりませんから、手さえ動いていればだいじょうぶとは言い切れません。

また、手を広げてテーブルの上に置いていたり、手のひらをこちらに向けて見せたりするときは、リラックスしています。相手はあなたを受け入れています。

一方、ぐっと握った拳は、不快感やイライラを示しています。さらに、指先でテーブルをトントンし始めたら、話を切り上げて退散しましょう。相手はかなり苛立っているか、退屈しているのです。

急に手の動きが止まるのは、何か隠している、本当のことを言っていないしるし。

# 手を見れば相手の気持ちがわかる

## 手の動きから相手の気持ちを読み取る

●欧米人のように大きく動かす
少しでも気持ちをわかってほしい。なんとか自分のペースに巻き込みたい。

●手を隠している
相手を警戒している。何か後ろめたいことがある。

●話している最中に、急に手の動きを止める
隠し事があるかウソをつこうとしている。

●手を突っ張らせて太ももの上に置く
それ以上、相手を近づけないように防衛している。

●手を広げてテーブルに置いたり、手のひらを見せる
リラックスして相手を受け入れている。

●拳を固く握っている
相手を拒否している。

●指先でテーブルをトントンたたく
話を終わらせたいサイン。苛立っている。

●手で胸のあたりをなでる
助けてほしいというサイン。

人間関係の心理学16

# あなたに警戒しているかも⁉

相手の腕組みから心理状態を読み取るポイント

## 相手が腕組みを始めたら要注意ですか？

ふと気がつくと、腕組みをしていることがしばしばあります。それが癖になっている人もいることでしょう。この何気ない動作にも、実は深層心理があらわれているのです。

相手を受け入れようとしているときは、手を大きく広げて、胸に呼び込む姿勢を取ります。親が我が子を抱きしめようとするときの、あのポーズですね。手や腕を相手に向かって広げているときは、心も開いているのです。

一方、拳を握って胸を閉じた腕組みは、相手をこれ以上近づけたくない、という意志の表われです。拳を握った腕組みは自分を防衛する代表的なポーズなのです。

相手が会話の最中に拳を握って腕を組み始めたら、顔は笑っていても、心は開いていないと考えられます。

もっとも、何か聞かれて「う～ん」と考え込んでいるときの腕組みは、そのかぎりではありません。これは集中するためにそうしているだけです。

また、女性によく見かける のですが、腕を胸の前で交差させ、自分の二の腕をつかんでいる人がいます。これは拒絶ではなく不安を示しています。自分の体を触ることによって、心を落ち着かせようとしているのです。

一般によく腕組みをする人は、ふだんは虚勢を張っていますが、肝心なときに気の弱さが出て、腰くだけになる人と考えられています。癖になっている人は、腕組みをやめるように心がけましょう。

腕組みをする人は、警戒心が強く自信がない人と見られる。その癖は要チェック。

# 「心を開いていません」のサインに

## 自己防衛のポーズ　腕組みをしている人の心理

手を大きく前に広げているとき
相手を受け入れようとしている。

拳を握った腕組みをしているとき
相手を拒絶している。
相手を警戒している。
自分の領域に入らせたくない。
自分の考えに集中している。
会話に乗り気ではない。
自分を守りたい。

腕組みをしながら身を乗り出しているとき
話に関心がある。
真剣に話を聞いている。

腕を胸の前で交差させて二の腕をつかんでいるとき
何か不安を感じている。

胸を張って高い位置で組んでいるとき
自分はエライとアピールしている。

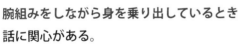

人間関係の心理学 17

# 視線がよく合うときは要注意

相手の視線から相手の性格や本心を読み取るポイント

## 意外に奥が深いアイ・コンタクト

ふだん、私たちは何気なく視線を合わせたり、そらせたりしています。しかし、一対一で話すときや、向こうから近づいてくる知人に気付いたときなどは、いつ視線を合わせればいいか、迷うこともよくあります。アイ・コンタクトは人間関係の基本ではありますが、意外に奥が深いものなのです。

一般に、視線をよく合わせる人は、親和欲求の強い人と言われています。だれかといっしょにいたい、相手と仲良くなりたい、と常に思っているので、視線を合わせる回数が増えるのです。社交的な人も、他人への関心が高いため、視線を合わせる回数が多くなり、見つめる時間も長くなります。これらは好意的な視線と言えます。

また、先に視線をそらす人は内気で気弱なイメージがありますが、一概にそうとは言えません。気が弱い人ほど相手にどう思われるか気になって、視線がはずせないのです。さりげなく先に視線をそらす人は、どちらかというと、マイペースで自信がある人です。

会話の最中に、突然視線をはずされることもありますね。そんなときは、相手はあなたに興味がない、と考えていいでしょう。また、視線を左右にそらすのはノーのサイン、キョロキョロして視線が定まらないのは、会話に集中していない証拠です。

当惑するのは、顔をのぞきこんで無理に視線を合わせようとする人です。こういう人は何か下心があり、あなたの反応をうかがっています。要注意です。

視線がよく合うのは仲良くなりたいサイン。下心がある可能性も。注意しよう。

# アイ・コンタクトで気持ちがわかる

## 視線でわかる相手の性格や気持ち

●よく視線を合わせる
まわりに気を遣う人。あなたを好意的に見ている。

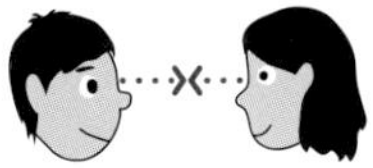

●さりげなく先に視線をそらす
マイペースで自分に自信がある人。

●会話中にさっと視線をそらす
あなたや会話に興味がない。

●視線を左右にそらす
あなたやあなたの意見を拒否している。

●視線が定まらない
会話に集中していない。

●上目使いに見る
依存心の強い人。自分の感情は隠したいが、あなたの気持ちは知りたい。

●下目使いに見る
あなたに対して優越感を抱いている。

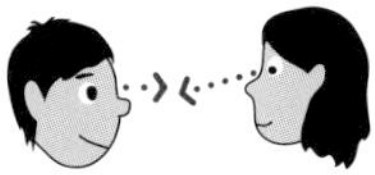

●目を伏せる
おびえている。服従の意を示している。

●目を合わせない
あなたに興味がない。あなたを否定的に見ている。

●のぞきこむ
何か下心があり、丸め込もうとしている。

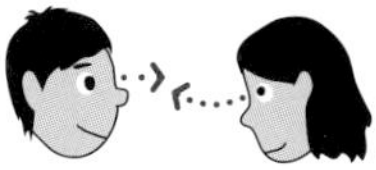

人間関係の心理学 18

相手の自分に触る行為から心理状態を読み取るポイント

# 自己タッチには見極めが肝心

## 落ち着きなく自分に触るのはどうしてでしょう。

恐ろしい場面を見たり不安に思ったとき、周りにだれもいなければ、思わず自分自身を抱きしめてしまいませんか？

このように、自分で自分の手や足、髪、顔などを触ることを「自己タッチ」と言います。自分に触ることによって、安心感を得ているのです。

赤ちゃんはよく、自分の手や足をなめたり、指しゃぶりをします。そうすることで自分を確認し、安心するのですね。自己タッチは、このころのなごりではないかと言われています。大人になったら、まさか指しゃぶりはできないので、体を触って落ち着こうとするのです。

前にも述べたように、腕組みも自己タッチの一つです。心の奥底にある、不満や不安をなんとかなだめようとしているのです。

また、髪の毛をくるくる指先に巻きつけたり、しきりに触っている女性をときおり見かけますが、これも自己タッチの一つです。こういう人は、寂しがりやで依存心が強い傾向があります。

もっとも、自分の世界に浸りきっているときも、こんなしぐさをすることがありますので、見極めが肝心です。

ただし、相手が話しながら鼻の周りをしきりに触るときは、自己タッチと言うより、自分の感情を隠したがっていると考えられます。口元を覆うことによって、表情を読み取られまいとしているのです。注意深く話を聞くようにしてください。

自己タッチの多い人は、寂しがりやで依存心が強い傾向がある。

# 安心感を得る赤ちゃん時代のなごり

## 主な不安のサイン

両手で自分を抱き締める。
腕組みをする。
髪の毛を触る。
頬をなでる。
指で唇を触る。
首をこする。
手を開いたり握ったりする。
服の端っこをいじる。

## 主な不満のサイン

拳を握った腕組みをする。
爪を噛む。
手近のボールペンを口にくわえたり、いじる。
指先やボールペンでテーブルをコツコツたたく。
話を聞きながら、鼻をこする。

人間関係の心理学 19

相手の身体の動きから心理状態を読み取るポイント

# 相手の気持ちを察してあげよう

## 隠してもわかる「興味がない」のサインは？

会話中に相手がなんとなくソワソワし出したり、時計をチラチラ見始めると、そろそろ話を打ち切って帰りたいんだな、と察することができます。

でも退屈を押し殺して、じっと我慢して話につき合ってくれる人も少なくありません。そんな人の気持ちを素早く察知して、話題を変えたり場所を変えたりすれば、気配り上手としてあなたの評価はぐっと上がるはず。

と言っても、どこに注目すればいいのでしょうか。

まずは自分が学生だったころを思い出してください。授業に飽きたら、ノートにいたずら書きをしたり、消しゴムを転がしたりして時間をつぶしていたでしょう？ そんなふうに、手近にあるものをいじり出したり、メガネやケイタイを触ったりするのは、もう飽きたというサインです。

また、頭の位置や姿勢にも、感情が表われます。話に興味があるときは、上体は前のめりになり、頭も相手の方に突き出しています。

しかし、足をブラブラさせ始めたら要注意。足はもっとも感情をストレートに表わします。話を聞きながら、足を頻繁に組み替えたり、なんとなくゆすったり、落ち着かない様子が見えたら、退屈している証拠。解散するか、その人から話を引き出すようにしましょう。

みんな話したい気持ちを持っているのですから、退屈そうにしている人には、しゃべらせてあげるのが、一番効果的です。

**頭を傾ける、両足を前に投げ出しイスにもたれるなどの姿勢は退屈の証拠。**

# 「イイ感じ」「タイクツ」の見分け方

## 頭の位置と感情の関係とは？

話に興味があるとき

上体は前のめりになり、両足を後ろに引いている。
話している人の方に顔を突き出している。

退屈しているとき

頭をどちらかに傾けている、頭を下げている。
話している人から顔をそむけている。
両足を前に投げ出し、椅子にもたれている。

人間関係の心理学20

相手のウソを見破るポイント

# 相手のしぐさや態度に注意しよう

## どんなしぐさが怪しいのでしょうか？

「この人、ウソをついているな」と、なんとなくわかることがあります。表情がこわばったり、どことなく動きがぎこちなかったり、口調がおかしくなったりします。バレないようにしなくてはという緊張が、どこかに表われるのですね。

特に、次のようなしぐさや態度は怪しい、と考えてください。

●やたら顔を触る

しきりに鼻をこすったり、顎や頬をなでたり、唇を触ったりします。本当のことを言ってしまわないように、口を抑えよう、口元を隠そうとする気持ちが無意識に働くのです。

●手を隠す

動揺すると手の動きが不自然になります。そこからウソを見破られないように、手をポケットに入れたり、背中に回したりして、隠そうとします。

●落ち着きがなくソワソワしている

もじもじしたり、ソワソワと姿勢を変えたり、頻繁に足を組み替えたりします。この場から早く逃げ出したいという気持ちの表われです。

●表情と動きが合っていない

言っていることと表情が合っていなかったり、動きがちぐはぐになったりします。たとえば、顔は笑っているのに拳は固く握られている、などがそうです。

●うなずきやまばたきが増える

会話が途切れると不安になるので、話をスムーズに進めようとして、うなずく回数が増えます。また、ウソをついている緊張感からまばたきも増えます。

●話し方が不自然になる

ウソに慣れていない人は、言葉に詰まることが多くなります。何かつじつまの合うことを言わなくては、と思えば思うほど焦って言葉が出てこなくなるのです。

また、うまくごまかすことで頭がいっぱいになり、応答がぎくしゃくします。

●反応が速くなったり饒舌になる

沈黙が怖いので、不自然に速く反応したり、早口になったりします。また、妙に饒舌になり、たたみかけるように話すこともあります。

●よけいな説明をする

聞かれてもいないのに、いろいろな説明を付け加えます。疑われてはいけないと思うあまり、ついついよけいなことを言いすぎてしまうのです。

●言葉が少なくなる

下手なことを言ってボロが出てはいけないので、表現力が乏しくなることがあります。表情から読み取られないように、ふだんよりポーカーフェイスになることもあります。

ふつうの人のウソはこれでわかる。ただし常習的なウソつきはこうはいかないことも。

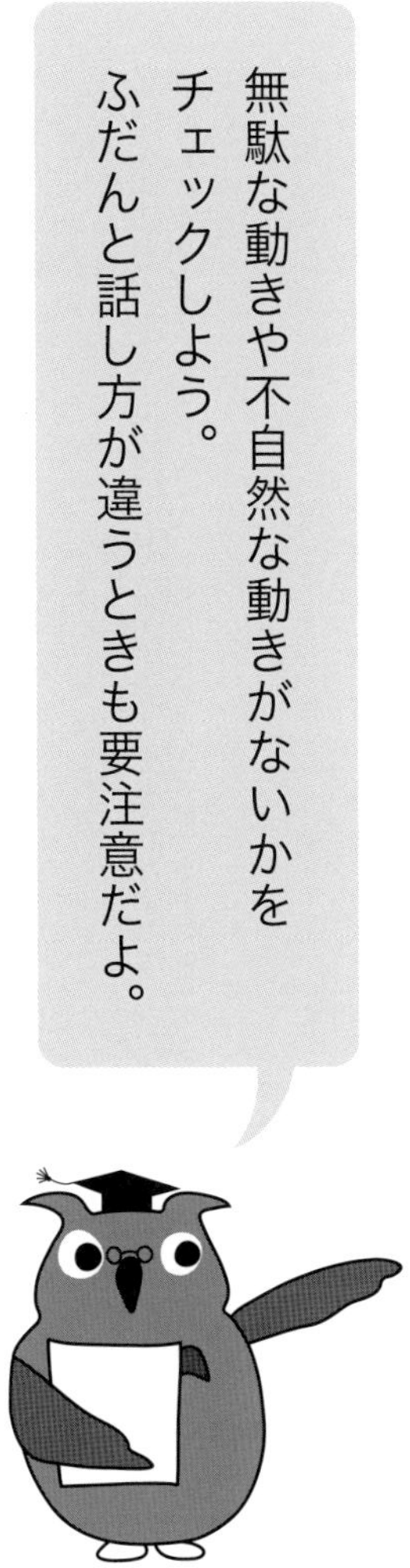
無駄な動きや不自然な動きがないかをチェックしよう。ふだんと話し方が違うときも要注意だよ。

人間関係の心理学 21

自慢ばかりする人とつき合うポイント

# 自慢好きには一言ほめてあげよう

## 自分に自信があるから？　それともないから？

世の中にはちょっとおつき合いに困るな、という人がわんさかいます。ご近所さんだったり、会社の同僚だったりすれば、避けるわけにもいきません。

たとえば、あちこちで見かける自慢やさん――。

「ぼくがニューヨークで仕事をしていたころはね……」

「よくテレビに出ている○○さんと知り合いなのよ」

毎度聞かされるほうはたまったものではないですね。

こういう人たちは、自慢話をすれば嫌われるとわかっていても、言わずにはいられません。だれかにほめてほしくてたまらないからです。

人間には、他人から認められたいという「自尊欲求」や「承認欲求」があります。この欲求が満たされている人は自慢話などしません。他人にほめてもらわなくても、自分を肯定できるからです。

自慢話をする人は、自尊感情が低く自分に自信がない人です。ですから、だれかに認めてもらわないと、自分の存在価値を見い出せないのです。

また、こんなふうに遠回しに自慢する人もいます。

「いやあ、息子がアメリカの○○大学に留学することになって、学費がたいへんなんだよ。困ったもんだよ」

素直に「留学が決まってうれしい」と言ってくれれば、こちらも気持ち良く「すごいじゃない」と返せるのに。

プライドがじゃましてストレートには自慢できないけれど、自分の幸せを見せびらかしたくてしかたないのですね。こういう人も、心の中は寂しいのです。

自慢好きは一言ほめて自尊欲求を満たしてあげよう。長引くのでそれ以上は禁物。

# 自信がある人は自慢話をしない

## 自慢ばかりする人の心理

●自分を大きく見せて、他人から尊敬されたい

●他人に「すごい」とほめてもらいたい

●自分の能力を認めてほしい

●自分の幸せを見せびらかして、
うらやましがらせたい

↓

## 対処法

●自慢は自己呈示の１つと考える

●その人が欲しがっている言葉を、一言だけかけてあげる

●「すごいですね」

●「息子さん、優秀なんですね」

●「やっぱり仕事ができる人は違いますね」

相手が調子に乗って何度も言ってくるときは
「ああ、そうですか」と軽くいなすといいよ。

人間関係の心理学 22

自分の非を認めない人とつき合うポイント

# ストレートにミスを指摘してはいけない

## 認めないから心の均衡を保っていられる

自分がミスをしても、さまざまな言い訳をして、絶対に自分の非を認めない人がいます。自分の未熟さや能力不足に正面から向き合うのは、だれしもつらいものです。そこで、無意識に自分を守ろうとして言い訳をしてしまうのですね。自分が不快な気分になるのを低減させたり解消させたりする心の働きを「防衛機制」と言います。

有名なイソップ童話の「すっぱいブドウ」の話は、これにあたります。おいしそうなブドウがたわわに実っているのを見つけたキツネは、採ろうとしても手が届かないのでとうとうあきらめ「どうせこのブドウはすっぱいにちがいない」と捨て台詞を残して立ち去るのです。

これは防衛機制の中の「合理化」と言われるものです。手に入れられないので、それはたいしたものじゃないと自分に言い聞かせて、心の平安を保ったのです。

また、「甘いレモン」というものもあります。そんなレモンはないのに「甘いんだ」と強引に主張するのです。たとえば、「君の車はオンボロだね」と言われると「あれは貴重なクラシックカーなんだよ」と、ウソをついて価値を高めたりします。これも一つの防衛機制です。

防衛機制は心の平安を保つためにある程度は必要ですが、あまりに強すぎると自分の弱さを暴露してしまいます。こういう人たちには、ストレートにミスを指摘してはいけません。強く反発されるだけです。少し時間をおいて「こうすればよかったんじゃないかな」とアドバイスしてあげると、素直に聞き入れてくれるでしょう。

**強く反発する人は、防衛機制が強すぎるタイプ。指摘は逆効果になるだけ。**

# 無意識に自分の心を守ろうとする

## 自分の非を認めない人

主な防衛機制として、次のようなものが挙げられる。

●合理化
自分に都合のよい解釈をして、自分を正当化する。エリート意識が強い人によく見られる。

●反動形成
本当は好きなのに意地悪をしたり、本当は憎んでいるのに愛しているかのように振る舞ったり、自分の気持ちとは反対の行動をとる。

●抑圧
意識的な抑制（がまん）とは違って、不満を無意識の世界に押し込めてしまう。自分では気がつかない。夢や言い間違いなどに本音があらわれたりする。

●投射
自分の中にある不快な感情を、自分ではなく他者に転嫁する。たとえば、受験に失敗すると問題のせいにしたり、失恋したときに相手が不誠実だからと非難したりする。

問題
○○△○△△…
50

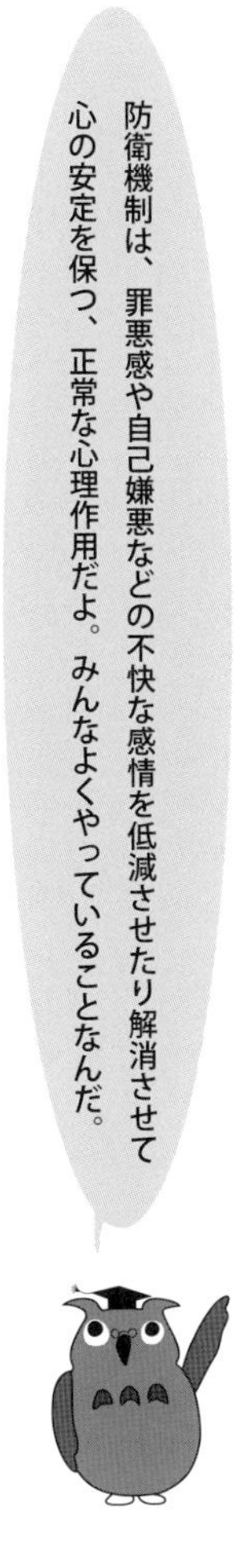
防衛機制は、罪悪感や自己嫌悪などの不快な感情を低減させたり解消させて心の安定を保つ、正常な心理作用だよ。みんなよくやっていることなんだ。

人間関係の
心理学
23

責任転嫁する人とつき合うポイント

# 同じ土俵に上がらないようにしよう

## 感情的になりがちで対応に困ります

言い訳するだけならまだしも、自分の失敗を他人のせいにする人は、本当に始末が悪いですね。言い逃れはまことに見苦しいものですが、本人はいたって涼しい顔。罪悪感のかけらもないどころか、責任転嫁することに全エネルギーを注ぎ込むので、実にやっかいです。

残念ながら、こんな人はどこにでもいます。仕事でミスをしても「まぎらわしい指示を出した、あいつが悪い」、自分が締切りを守らなかったのに「こんなスケジュールを組んだおまえが悪い」と、なんでもかんでも人のせいです。おまけに、自分よりも弱い人に八つ当たりすることもあります。

こういう人にはできるだけかかわらないほうがいいのですが、そうもいかない場合は、冷静な対応を心がけましょう。感情的に責め立てると、ますます屁理屈をこねたり、逆ギレしたりします。こちらが疲れてしまいますので、同じ土俵には上がらないこと。

総じて、非を認めない人や謝らない人は、自分に自信がないと考えていいでしょう。ささいなミスを指摘されただけで、全人格を否定されたような気持ちになってしまうのです。そのため、どうしても素直に認められないのです。このようなタイプは、物事を論理的に考えるのが苦手で感情に走りがちです。穏やかに理路整然と話をし、自身の言動を振り返るように促しましょう。

本人が、「だれのせいでもない、自分の責任だ」と自覚できるようにもっていくことが大切です。

**謝らない人は自信がなく、逆ギレしがち。同じ土俵に上がらず、穏やかに理詰めに。**

# 感情的な対立に巻き込まれない

## 責任転嫁する人の心理

- 自分が一番大切
- 失敗を認めたくない
- 価値のないやつと思われたくない
- 自分を少しでも正当化したい

↓

## 対処法

- 可能ならばかかわらない
- 感情的にならない
- 冷静に理詰めで話をして、
  自分の責任だと気付かせる

もし、相手が逆ギレしたら、「わかりました」
などと言ってさっさと話を打ち切ろう。

他人の不幸話が大好きな人とつき合うポイント

# ノーリアクション作戦でいこう

## 他人の不幸話につき合うのが苦痛です

「他人の不幸は蜜の味」とよく言いますが、そのような噂話が大好きという人は少なくありません。週刊誌が、これでもか、これでもかとゴシップ記事を載せるのも、テレビのワイドショーが連日芸能人のスキャンダルを伝えるのも、それを好む人たちが多いからですね。

そういう人たちの心の奥にあるもの――。それは、妬みや羨望、自分の人生への不満です。自分の人生に満足している人は、他人の幸せをいっしょに喜ぶことができます。

ところが、満たされない思いを抱えている人は、他人が幸せそうにしていると、いっそう自分がみじめに思えて、どす黒い嫉妬心に取りつかれてしまうのです。

そこで、ネガティブな噂を流して、その人をおとしめ、憂さ晴らしするのです。こういう人にとっては、他人の不幸ほどおいしいものはありません。

本当は自分も幸せになりたいし、みんなに愛されたいのです。その欲求が満たされないイライラを、噂話によって解消しているのですね。でも、それもほんのいっときのこと。すぐに心に空洞ができ、その穴を埋めるためにまた噂話にいそしむことになります。

こういう人とは距離をおくのがいちばんですが、露骨にいやな顔をすると、今度はあなたがターゲットにされかねません。そこでおすすめなのが、ノーリアクション作戦です。反応がない相手はつまらないので、向こうから離れていってくれるでしょう。

**次のターゲットにされないように、ノーリアクションで乗り切ろう。**

# 反応しないノーリアクションが一番

## 噂話をする人の心理

- 私も幸せになりたい
- 愛されたい
- みんなに注目されたい
- あの人に比べて、自分の人生はみじめだ
- 幸せそうなあの人が不幸になればいい

## 対処法

- 適度な距離を置く
- 露骨にいやな顔をしたり、「そんな話をしないで」とストレートに言わない
- 相手がここぞとばかり噂話を始めても、反応しない

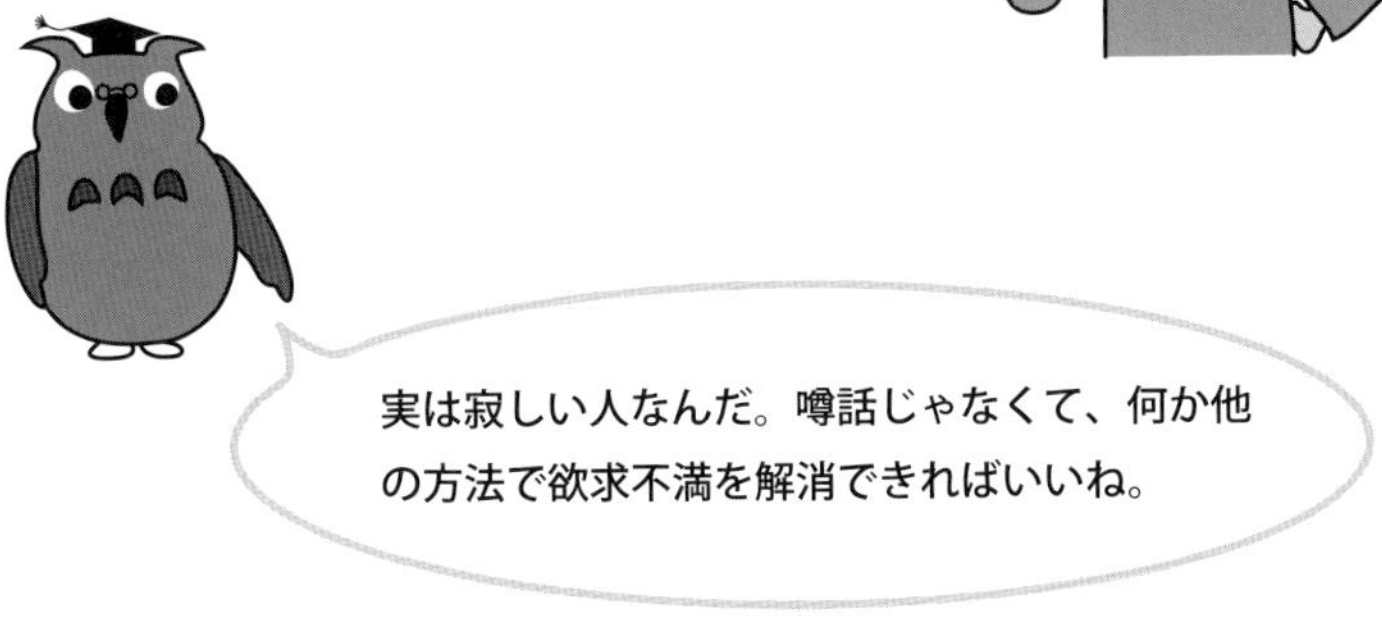
実は寂しい人なんだ。噂話じゃなくて、何か他の方法で欲求不満を解消できればいいね。

人間関係の心理学 25

何でも仕切りたがる人とつき合うポイント

# 乗せて面倒なことをやってもらおう

## 本人も周りも満足できる手がありますか？

仕切りやさんもけっこうよく見かけます。たとえば、「今度ランチでも食べにいこう」という話が出るとすぐさま身を乗り出し、「どんなものが食べたい？」「あなたはネットでこの近辺のお店の評判を調べて」「あなたはクーポンがないかどうか調べて」と、自分は動かずなぜかみんなに指示。自分が中心になって仕切らないと気がすまないのです。特に本人に悪気はなく、「私がまとめないと話が進まない」と勝手に思い込んでいるのです。よく言えば責任感のある人、悪く言えば独りよがりです。

周りの人がうんざりして、「あなたに言われなくても、わかってるわよ」などと反応するとすねてしまいます。こういう人は、うまく乗せるのがいちばん。「あなたがやってくれるとみんな助かるわ」などと言って、面倒なことをどんどんやってもらいましょう。本人も満足するし、周りも助かります。

また、何かにつけて「私が、私が」とでしゃばってくる人もいます。人の話をさえぎり、自分の意見を押し付け、自分の思うとおりに相手を動かそうとします。

このほか、「それはね……、こういうことなんだよ」と会話の途中で常にうんちくをたれ始め、自分の知識を披露しなければ気がすまない人も困りもの。

これらの人は自己主張が強く、かなりの自信家です。いつも自分が会話の主導権を握って、優越感にひたりたいのです。称賛を浴びたい、注目されたい、という気持ちが人一倍強い、子どもっぽい人と言えるでしょう。

うまく乗せて、不十分でも目をつぶって、面倒なこともやってもらえば大助かり。

# のせておだてて働いてもらおう

## 仕切りたい人の心理

●私がやらなくっちゃ、という変な使命感

●称賛されたい

●注目を集めたい

●自分を認めてほしい

●主導権を握って人より優位に立ちたい

## 対処法

●仕切りたがりやさんは、おだてて使う

●でしゃばりさんは、頑固で自己主張が強い。相手にしないで適当に聞き流す

●うんちくやさんは上手に利用する。わからないことをその人に聞くと、喜んで教えてくれる

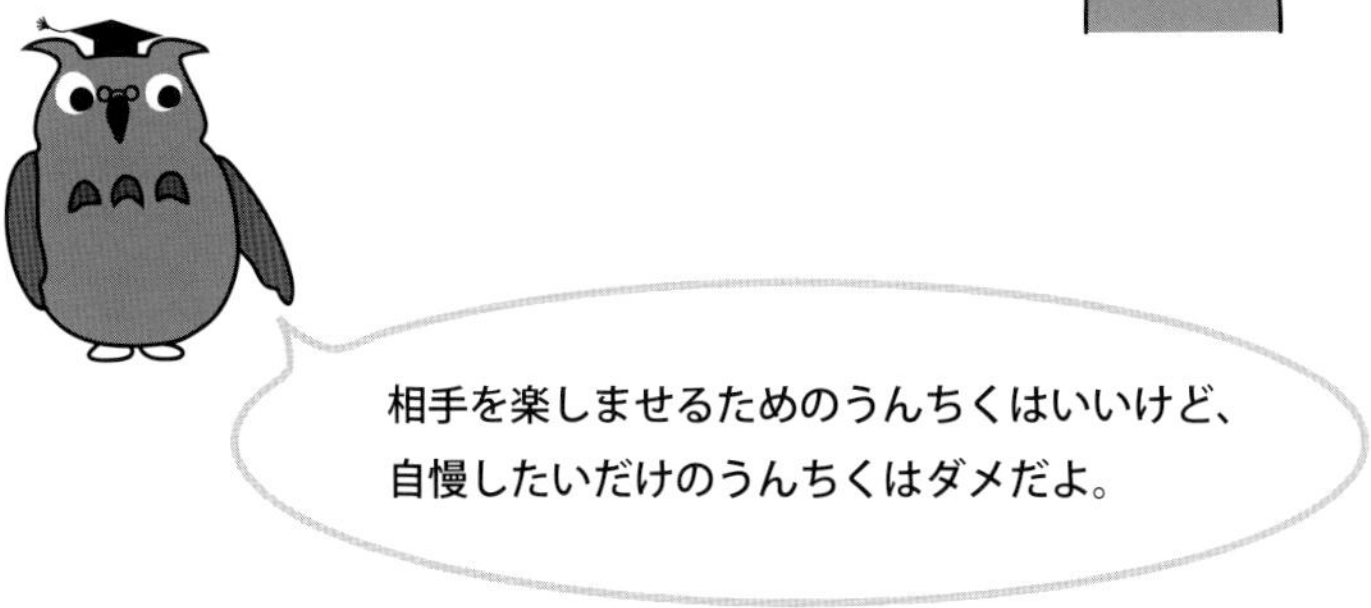
相手を楽しませるためのうんちくはいいけど、
自慢したいだけのうんちくはダメだよ。

人間関係の心理学
26

グチばかり言う人とつき合うポイント

# できるだけ距離を置くようにしよう

## 愚痴のオンパレードから逃げるには？

人間ですから、たまには自慢話やグチが出ることはあります。多少のグチならお互いさま。「たいへんだったね」「よくがんばったね」などと共感を示してあげると、相手も気が晴れるでしょう。グチは自己開示の1つです。お互いの距離を縮め、親しさを増す良い機会ととらえ、ときどきなら親身に聞いてあげるといいでしょう。

でも、話のすべてがグチという人はどうでしょうか。顔を合わせるなりグチのオンパレードでは、聞かされるほうは辟易してしまいます。

だれだって、いやなことやつらいことの1つや2つはありますが、なんとか折り合いをつけて生きています。でも、グチばかり言う人は、自分だけがつらい思いをしていると、一種の被害妄想に陥っています。

しかも、「自分は悪くない、悪いのはみんな周りだ」とだれかに責任を押し付けます。「同僚が悪い」「上司が無能だ」「認められない」など不満の種は尽きません。自分にも非があるとは、まったく思い至らないのです。

こういう人たちにつき合っていると、こっちまで気が滅入ってきます。なぜなら、人間の心はこだまのように響き合うからです。相手の機嫌が悪いとこちらも不機嫌になってきますし、相手が明るい笑顔で接してくれれば、こちらも晴れやかな気分になります。

常に不平不満を聞かされると、こちらの心もささくれだってイライラがつのってきます。できるだけ距離を置いて、グチに巻き込まれないようにしましょう。

人間の心はこだまのように響き合うもの。
感情のはけ口にされないようにしよう。

# 一方的な相手からは逃げの一手で

グチには心の垢を洗い流す作用がある。

だれかに聞いてもらうと、心が軽くなる。
ストレスが解消できる。
だから、ときどきのグチはＯＫ！

親身に聞いて、共感を示してあげるとよい。

でも、常にグチしか言わない人の場合は、
イライラが移るので逃げの一手で！

人間関係の心理学27

イヤミな人とつき合うポイント

# 寂しい気の毒な人と思ってスルーしよう

## 毒を吐き散らされてヘトヘトです

普通に言えばいいのに、いつも相手を傷つけるような言い方しかできない人がいます。

おしゃれをしている人がいると「あら、馬子にも衣装ね」、「昨日観たDVDすごく良かったよ」と言うと「DVDなんかで感動できるなんて安上がりなヤツだな」などと、相手を不快にさせることをわざわざ言います。

こんなイヤミを言う人は劣等感のかたまりです。心に余裕がなく、他者より優位に立っていないと不安でたまりません。相手を見下すことによって相対的に自分を引き上げ、どうにか心のバランスを保っているのです。

心の奥底では、ほめられたい、認められたいと常に思っています。でも、だれも尊敬してくれないし、受け入れてもくれません。そのためますます不満がつのり、周りにいる人たちに毒を吐き散らします。相手を傷つけた瞬間は胸がすっきりするので、それが癖になってしまっているのですね。

寂しいかわいそうな人と受け止めて、できるだけほめてあげるようにすると、徐々にイヤミがおさまることがあります。「ほめるなんてとうてい無理」と言うなら、スルーするしかありません。また、「それってイヤミですか？」と笑顔で切り返すのも効果的です。

コミュニケーションに問題がある人の大半は、自己評価の低い人です。自分に自信がないので、少しでも大きく見せようとして、よけいなことを言ったりやったりしていっそう人に嫌われてしまうのです。

「それってイヤミですか？」と笑顔でスルー、寂しい気の毒な人と思ってスルー。

# 笑顔で切り返し聞き流すのが効果的

## イヤミな人の心の奥にあるもの

劣等感、孤独感、欲求不満、

イライラ、羨望、妬み

## 対処法

- その人とできるだけかかわりをもたない
- 孤独で気の毒な人と受け止め、
  できるだけほめてあげる
- 笑顔で切り返す
- 何を言われても聞き流す

こういう人は、いつも自分のイライラをぶつけるターゲットを探しているよ。標的にならないように気を付けてね。

人間関係の
心理学
28

生理的に嫌いな人とつき合うポイント

# 適度な距離で大人のおつき合いをしよう

## 自分でも理由がわからず困っています。

どこがどうというわけではないけれど、どうしても受け入れられない人がいます。そういうとき、私たちは「生理的に嫌い」という言葉で、なんとなく自分を納得させます。外見がいやだからというのはわかりやすいですが、なぜはっきりした理由もないのに、嫌いと思ってしまうのでしょうか。

その嫌いの理由を掘り下げてみると、たいていの場合、自分の中にある、いやな部分を相手も持っていることに気付くでしょう。

つまり、あなたが生理的に嫌いと思う人は、あなたに似たところがあるのです。自分でも認めたくなくて無意識に抑圧している部分を、相手に見せつけられるので、拒否反応が出るのです。

そんなはずはないと思うのなら、相手のどこが嫌いなのか、突きつめて考えてみましょう。そうすると、自分のいやな部分も透けて見えてきます。それがつらくて、「生理的に」というあいまいな言葉でごまかしてきたのです。これも自己防衛の一つと言えるでしょう。

その人は欠点ばかりでしょうか。素直な目で見つめ直してみると、いいところも発見できるはずです。頭から拒絶しないで、飲み会や食事に誘うなど、自分から歩み寄ってみましょう。似たもの同士ですから、意外に気が合って、よい友達になれるかもしれません。

それでもやはりダメなら無理しないこと。適度な距離を置いて、大人のおつき合いをすればいいでしょう。

自分自身のイヤな部分を持っている人かも。見直してみて、無理なら距離を置く。

# 見方を変えてみて大人のつき合いを

## 嫌いな人とのつき合い方

なぜ嫌いなのか理由を考える。

その人の短所と長所を挙げてみる。

長所と短所は裏表。「ルーズ」は「おおらか」、「けち」は「節約家」、「頑固」は「意志が強い」などと、裏側から考えてみる。

よいところを素直に認め、意識的にほめる。

頭から拒絶しないで、飲み会や食事に誘ってみる。

この人に負けないぞと思う気持ちが自分を成長させている、とポジティブに考えてみる。

どうしてもいやなら離れよう。好きになろうとがんばる必要はない。

column

## 自分も周りも困惑させるコンプレックス

たとえば、ある言葉を聞いて突然カーッとなったり、激しく動揺したり、猛烈に相手を攻撃したり……。

こんなわけのわからない激情に襲われて、困惑したことはありませんか？ これはコンプレックスのなせるわざ。

心理学におけるコンプレックスの概念は、私たちがふだん口にする「劣等感」とは少し異なります。

スイスの心理学者ユングは、コンプレックスを「無意識内に存在して、なんらかの感情によって結ばれている心的内容の集まり」と定義しました。

つまり、コンプレックスは、ふだんは意識されることなく心の奥底に沈んでいます。何かの拍子にそれを刺激されたとき、冒頭のような混乱状態を引き起こすのです。強い感情なので、自分自身もどうしても抑制できません。

コンプレックスの主な原因は、トラウマ（心的外傷）と考えられています。トラウマとは、耐え難い経験によって、心に刻まれた深い傷――。

それに伴う怒りや悲しみ、恐怖、不安などの複雑な感情とともに、無意識下に封印されたのです。そうしないと、心が壊れてしまうからです。これも心を守る働きの一つと言えます。

このような防衛機能のおかげで、私たちはふつうに生きていけるのです。

# Part 2

# 恋愛下手に
# さよならできる心理学

恋愛の心理学 29

異性にモテるポイント

# 男性は「清潔感」、女性は「いつも笑顔」

## どうしてあの人ばかりモテるんだろう？

「自分とたいして違わないのに」とボヤいていても何も始まりません。まったくイケメンではないのに、なぜかモテる人はいます。どこがポイントなのでしょうか？

全国の40歳代の女性を対象に行われた調査によると男性の外見でもっとも重視されるのは、「清潔感」です。体型がイマイチでも服装のセンスがそれほどでなくてもカバーできます。妙にお洒落すぎるより清潔感のほうを女性は大切にします。

ボサボサ頭やヨレヨレのシャツはやめて、さわやかラインをねらいましょう。歯が汚い、爪が汚れている、食べ方が汚い、などは特に減点ポイントが高いので要注意。

また、性格的にモテるのは、誠実でやさしい人、頼りになる人、気遣いができる人です。ネガティブな言動の人、悪口ばかり言う人、自慢話が多い人、見栄っ張りは嫌われます。かっこいいところを見せようと、おおげさな武勇伝を披露するのもNGです。もちろん、ギャンブル狂、借金癖、暴力などは論外です。

では、女性はどうでしょうか。嫌われるのは、高飛車な人、自己中心的で思いやりがない人、マナーが悪い人、常識がない人などです。つまり、人間として魅力がない人はダメ、ということです。

一方、モテる女性はと言えば、なんと言っても笑顔を絶やさない人です。仕事でもオフでも人気を集めるのは、いつも楽しそうにニコニコと相手の話を聞いている人です。それだけでモテるのだからやらない手はない！

女性が一番重視するのは「男性の清潔感」。
女性は「いつも笑顔でいる人」が人気。

# モテる、モテない、の秘密はここ

## 全国の20歳〜49歳の女性
## 4,500人に聞いた。

### ①「モテる男性」の特徴とは?

女性のキャラクターを6種に分類(詳細は略)して、好きな男性の見た目のタイプ を調査。

その結果、すべてのキャラクターで「清潔感がある」が最も多い結果となっています。

1 位　「清潔感がある」

2 位以降　「イケメン」、「背が高い」、「肌がきれい」、「おしゃれ」、「筋肉質」など、
タイプによって順位は異なる。

### ②「モテない」男性の特徴とは?

「清潔感がない」理由の内訳

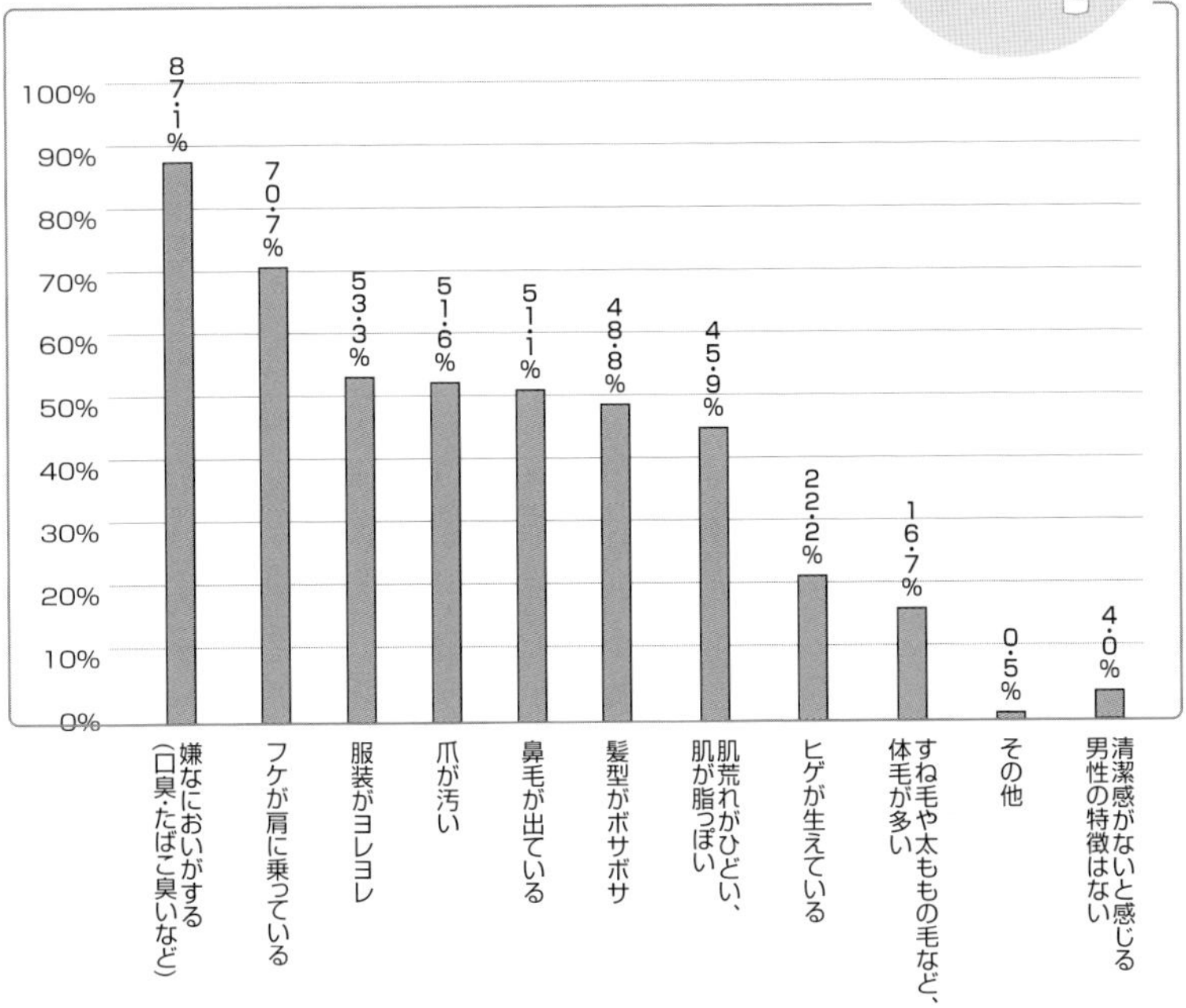


出典:「モテる男性」を テーマにしたインターネットリサーチ(2019年、ネオマーケティング)

恋愛の心理学 30

結婚相手を選ぶポイント

# 容姿に頼りすぎるのは要注意

## 美人なら人柄もいいと男性はなぜ思うの？

だれだって美しいものが好きです。目の前に美しいものがあれば、手に入れたいと思うのは人情です。当然、イケメンや美女はモテます。

特に、男性はルックスを重視する傾向があります。美人を連れていると、みんなにうらやましがられて優越感にひたれますし、こんな美女を恋人にできるぐらい自分は男の魅力にあふれていると自信が持て、そうアピールもできます。高級ブランドを見せびらかす女性の気持ちにちょっと似ていますね。

外見がよいと中身までよく見えます。そう包装効果ですね。このためますます人気が集まります。

ですが、この包装効果がクセモノなのです。「外見がよい＝好ましい性格」というわけではないのに、勝手にそう思い込んでいるだけですから、「こんなはずではなかった」ということになりがちです。見かけと中身が違うのはよくあることですが、美男美女の場合は、特にそのギャップが大きく感じられてしまうのです。モテることを本人が鼻にかけている場合はなおさらです。

このように、容姿がよければ必ずモテるとはかぎりません。ふつうの人より出会いは多いはずですが、それを生かせるかどうかは内面の充実にかかっています。

統計では、男女とも結婚相手に求めることとして、1位～3位まで同じで、「性格が合うこと」、「思いやり」、「誠実さ（浮気をしない）」があがっています。4位以降は男女の考え方の違いが出ています。

男女とも相手には、自分と性格が合い、思いやりがあって誠実な人を求める。

# 男女が結婚に求めること

**男性が結婚相手に求める条件ベスト10**

| | |
|---|---|
| 第1位 | 性格が合うこと |
| 第2位 | 思いやり |
| 第3位 | 誠実さ（浮気をしない） |
| 第4位 | 人生観の一致 |
| 第5位 | 容姿 |
| 第6位 | 体の相性 |
| 第7位 | 家事能力 |
| 第8位 | 包容力 |
| 第9位 | 自分の仕事への理解 |
| 第10位 | 年齢 |

**女性が結婚相手に求める条件ベスト10**

| | |
|---|---|
| 第1位 | 性格が合うこと |
| 第2位 | 思いやり |
| 第3位 | 誠実さ（浮気をしない） |
| 第4位 | 収入 |
| 第5位 | 包容力 |
| 第6位 | 人生観の一致 |
| 第7位 | 食事の好みの一致 |
| 第8位 | 容姿 |
| 第9位 | ユーモア |
| 第10位 | 年齢 |

出典:『マイナビウーマン』（2017年3月にWebアンケート結果）

恋愛の心理学 31

気になる相手を振り向かせるポイント

# 自然な好意を伝えよう

## どうすれば好きになってもらえますか？

なんとか気になる相手を振り向かせたい——。そんなとき、どうすればいいでしょう。

あれこれテクニックを駆使する必要はありません。だれでも人に好意を示されると嬉しくて、自分も同じように相手に好意のお返しをしたくなる——「好意の返報性」を利用するのがいちばん。「自然な好意を示す」のです。

この好意の返報性は、友人関係やビジネスにおいても有効ですが、恋愛では特に大きな力を発揮します。

アメリカの心理学者アーロンは、次のような調査をしてそれを証明しました。過去8カ月以内に恋に落ちた大学生を対象に、「初めて相手にときめきを感じたのはどんなとき？」と聞いたのです。

すると、なんと全体の90％が「相手から好意を示されたとき」と答えたのです。続いて78％の人が、かわいいとかやさしいなど、「相手が望ましい特徴を持っていたとき」と答えました。つまり、大半の恋は、好意の表明から始まるのです。

でも「好きです」と告白する勇気が出ない……。それなら「週末に食事に行かない？」「今度映画を観に行かない？」などと誘ってみては？　はじめはなんとも思っていなくても、好意を示されると、しだいに相手はあなたを意識し始めるはずです。また友達に「彼女、あなたがほんとに好きらしいよ」と気持ちを伝えてもらうのも効果的。待っているだけではなかなか恋はつかめません。まずは、自分から一歩踏み出してみましょう。

**恋の9割は好意を示されたときに始まる。好意を伝えれば好意は返ってくる。**

# 好意を示せば振り向いてくれる

## こんなときに恋は始まる

かわいい、頭がいい、男らしいなど、
何かビビッとくるものがあった。

相手から告白されたり、好意を
持っていることを知らされた。

たまたま２人きりになったり、何かの拍子に互いの距離が近づいたりしてドキドキした。

失恋したり、何かで落ち込んで
いるときに出会った。

相手のしぐさや表情、視線、
声などに魅力を感じた。

恋愛の心理学32

恋愛成就の確率を高めるポイント

# できるだけ近くにいて、接点を多く持とう

## 遠距離恋愛はむずかしい？

お見合いパーティーや結婚相談所は数多くありますが、パートナーと知り合ったきっかけをアンケートで見てみると、全体の約7割が「友人・兄弟姉妹を通じて」「職場や仕事で」「学校で」となっています。身近にいる人と恋愛して結婚しているケースが多いのです。

これを心理学では「近接性の要因」と言い、人は自分の近くにいる人ほど、好意を持ちやすいことがわかっています。アメリカの心理学者ボッサードは、男女間の物理的距離と心理的距離との関係について調べました。

既婚カップル5000組を対象に、婚約していたときの住まいの距離を調査したのです。その結果、結婚を決めた時点で、12％のカップルがすでに同棲しており、約3分の1が、半径5ブロック以内に住んでいたことがわかりました。逆に、2人の距離が離れていればいるほど、結婚に至る確率が低いこともわかったのです。これを「ボッサードの法則」と言います。

このように、物理的距離と心理的距離とは密接な関係があります。遠距離恋愛がなかなかうまくいかないのは、会いたくてもすぐには会えないうえ、会うためにお金や時間がかかり、心理的報酬が少なくなるからではないかと考えられています。

心理的報酬とは、安心感や満足感、喜び、心地良さ、やすらぎなどで、距離が近いほど、これらの報酬を多く受け取れます。ですから、相手と親しくなるには、できるだけ近くにいて、接点を多く持つことが大切です。

**近距離はプロポーズの確率が高くなる。心理的に満たされる回数が多いから。**

# プロポーズは「近い」ほど確率も高い

**Q.** 出会いはどこで？　近場が多い

- 友人・兄弟・姉妹を通じて／29.7%
- 職場や仕事で／29.3%
- 学校で／11.9%
- サークル・クラブ・習い事で／5.5%
- 街中や旅先で／5.1%
- アルバイトで／4.2%
- 幼なじみ・隣人／2.4%
- お見合い／5.2%
- その他／6.7%

※国立社会保障・人口問題研究所　2010年

## 遠距離恋愛で別れる理由ランキング

| | |
|---|---|
| 1位　心のすれ違い | 5位　お金がかかる |
| 2位　会えなくてさびしい | 6位　密な連絡がめんどう |
| 3位　他に好きな人ができた | 7位　彼女の浮気 |
| 4位　彼氏の浮気 | 8位　束縛のきつさ |

※NTTドコモ「みんなの声」　2012年7月

心理的報酬には次のようなものがある。

愛情　お金　物品

情報　サービス　地位

好きな人と会うと、やすらぎや喜びを得られる。これも心理的報酬なんだ。

恋愛の心理学33

気になる相手からの関心度を高めるポイント

# 繰り返し会うと好きになる!?

## 気になる相手からの関心度を高める効果絶大な方法とは？

「好意の返報性」「近接性の要因」とともに、相手を振り向かせる効果絶大の方法があります。それは「何度も会うこと」です。非常にシンプルですが、会えば会うほど親しみがわいて好感度がアップします。これを「単純接触効果」と言います。

私たちは知らない人と会うときは緊張しますが、何度も会っている人は、どういう言動をするのか予測できるので、警戒心が薄れます。この安心感が親近感へ、やがて、うまくいけば恋愛感情へと発展していくのです。

映画などで、ひょんなことから知り合った2人が、偶然に次ぐ偶然で顔を合わせるうちに恋に落ちる、というストーリーをよく見かけます。「繰り返し会ううちに好きになる」というところは、人間の心理にかなっています。

アメリカの心理学者ザイアンスは、顔写真を用意し、写真ごとに1回、5回、10回、25回と回数を変えて大学生に見せ、それぞれの写真の人物に対する好感度を調べました。すると、見た回数に比例して、写真の人物に対する好感度が高まることがわかりました。

テレビやネットで何度もコマーシャルを見ているうちにその商品を欲しくなったり、CMソングをいつのまにか好きになっていることがしばしばあります。これも単純接触効果と言えます。

ただし、最初に悪い印象を持たれた場合は、単純接触効果は期待できません。かえって嫌われてしまう恐れがあるので、まずはイメージチェンジを図りましょう。

**繰り返し会うと好きになる「単純接触効果」。顔を合わせる機会をたくさん作ろう。**

# 繰り返し会うと好きになりやすい

## ザイアンスの実験

**1** 卒業アルバムから 12 枚の写真をピックアップ。

**2** そのうちの 10 枚の顔写真を、ランダムに大学生に見せる。

**3** 見せる回数は 1 回、2 回、5 回、10 回、25 回と写真ごとに変える。

**その結果、ルックスにかかわらず、見た回数が多い写真ほど、写真の人物に対する好感度が増した。**

単純接触効果

- 接する回数が増えるほど、好感度がアップする。
- 警戒心が薄れる → 親近感がわく → 好意を抱く
- ときたま長時間会うより、時間は短くても何度も会ったほうが効果的。
- でも、第一印象が悪かった場合は逆効果。まずは、イメージを改善することから始めよう。

恋愛の心理学 34

より魅力的な相手とつき合えるようになれるポイント

# 常に自分を高めていこう

## 似ている相手に気が移るわけは？

似たもの夫婦、似たもの同士とよく言いますが、人は自分に似ている人を好きになる傾向があります。これは男女間だけではなく、友人間でも言えることです。

アメリカの心理学者フェスティンガーは、大学の学生寮に入寮する学生が、どのように人間関係を作っていくか、6ヵ月間、追跡調査を行いました。その結果、はじめのうちは「近接性の要因」によって、部屋が近い者同士が仲良くなりましたが、しだいに考え方や趣味、趣向などが似ている者同士が親しくなることがわかりました。これを心理学では「類似性の要因」と言います。

男女間でも、考え方や性格、趣味などが似ている人を選びがちです。相手の考えや行動が理解しやすく、意見も似通っているため、ストレスが少なくてすむからです。

また、道行くカップルを見ていると、「美女と野獣」のようなカップルは少なく、美男は美女と、そこそこの人はやはりそれなりの人と結びついていることに気付くでしょう。究極のイケメンや絶世の美女とカップルになりたいと望む人は多いはずなのですが、「私なんか相手にされないだろう」とか「ふられるに違いない」という心理が働き、無意識に自分と釣り合っている相手を選ぶのです。これを「マッチング仮説」と言います。

このように、外見的なレベルも内面も似ている者同士が、カップルになる確率が高いのです。努力して自分を高めれば高めるほど、より魅力的な人とおつき合いできます。

**人は無意識に自分と釣り合う相手を選び、極端な高望みをしないようにできている。**

# 似ていると安心できるから好き

## 類似性の要因

人は自分に似ている人を好きになる。

考え方
性格
趣味
価値観
生活感覚
金銭感覚

これらが似ていると、理解しやすく、好意を持ちやすくなる。

## マッチング仮説

人は自分と釣り合っている人を選ぶ。

このようなカップルは少ない。

← 美女と野獣
イケメンとブサイク

外見のレベルが自分より高い人には拒否される恐れがあり、自尊心が傷つく。

自分より魅力がない人は、自分のプライドが許さない。

← 自分と同程度の魅力の人を選ぶ

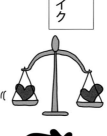

恋愛の心理学35

気になる相手の関心を引くポイント1

# 相手に手に入りにくいと思わせよう

## 反対されても好きにならずにいられないのは？

恋とは不思議なもので、障害があるほど燃え上がります。両家に反対されて悲劇的な結末を迎える「ロミオとジュリエット」が有名ですが、反対がなければ、17歳と13歳の幼い恋はあっさり終わったかもしれません。

心理学者ドリスコールは、１４０組のカップルを対象に、アンケート調査を実施しました。その結果、親の反対や宗教の違いなど、障害があるカップルほど、恋愛感情が高くなることがわかりました。これを「ロミオとジュリエット効果」と言います。２人が助け合って障害を乗り越えようと努力するため、愛情が深まるのです。

しかし、心理学的に言うと、もう一つ大きな心の作用が働いていると考えられます。それは「心理的リアクタンス（反発）」です。人間は、自由を束縛されたり、選択の余地がなくなったりすると、かえってそれに固執します。たとえば、さほど欲しかったわけでもないのに「売り切れ」と聞いたとたんに「しまった。あれを買っておけばよかった」と、悔しい気分になったりします。

何かを禁止されるとよけいにそれをやってみたくなるのも、「心理的リアクタンス」の作用です。ですから、妨害があればあるほど、反発（リアクタンス）が強くなり、恋が燃え上がるのです。いつでも手に入るものより、入手が難しいもののほうが、魅力的に見えるものです。

相手が振り向かないときは、しつこく追いかけるのではなく、こちらが引きましょう。手に入りにくいと思ったとたん、相手は興味を持って追いかけてきます。

反対や邪魔は恋心を奮い立たせるエッセンス。手に入りにくいと思わせるのも手。

# 簡単に落ちないと見せるのが効果的

## 心理的リアクタンス

人は自由を奪われそうになると反発し、かえって自由に執着する。

障害があるほど恋は燃え上がる。

のぞいちゃダメと言われるとのぞいてしまう。

あと1個と聞くと買いたくなる。

ラムレーズンが売り切れと聞くと、どうしてもラムレーズンが食べたくなる。

やっちゃダメと言われるとやりたくなる。

恋愛の心理学 36

# 気になる相手にないものを持とう

## 気になる相手の関心を引くポイント2

### 強い男、華奢な女性がなぜ好まれる？

人は自分に似た人を好きになりますが、自分にないものを持っている人にも惹きつけられます。たとえば、たくましいスポーツマンはたいていモテます。女性は自分にはない強さや男らしさに惹かれるのですね。

一方、男性も、ボーイッシュな女性やバリバリのキャリアウーマンタイプより、やさしい雰囲気のお嬢様タイプに惹かれる傾向があります。パンツスタイルよりフェミニンなワンピース、ペタンコ靴よりハイヒールに惹かれるのも、それらが女性らしさの象徴だからです。

男性が胸の大きい女性を好むのは、妊娠力が高そうな女性に遺伝子を残すため、と言われていますが、自分にないものを求める心理も働いていると考えられます。

アメリカの心理学者ウィンチは、25組の夫婦の相性を調べました。すると、似たもの夫婦より、性格が正反対の夫婦のほうが、仲が良いことがわかりました。

たとえば、一方が支配的なら、もう一方は従順、一方が世話好きなら、もう一方は世話をされるのが好き、という具合です。幸せな結婚生活を送るには、自分にないものを互いに補い合うことが大切なのです。これを「相補性」と言います。はじめは「類似性」が重要ですが、関係が深まっていくにつれ、「相補性」が大きな役割を果たすようになります。はじめは自分とタイプが違う人には違和感を感じがちですが、その人との関係が深まってくると、相手が良い刺激となって前向きに受け止められるようになってくるのです。

自分とタイプが違う人にも心を開こう。

# 男らしさ、女らしさを出すのが大事

人間は、自分に欠けているものやないものを持っている人に惹かれる。

## セイフリードとヘンドリックの実験

男子学生と女子学生の男性性と女性性を調べ、それぞれに、次のどの人に好意を持つかたずねた。

1 男性的傾向の強い男性

2 女性的傾向の強い男性

3 女性的傾向の強い女性

4 男性的傾向の強い女性

1の男性的傾向の強い男性、3の女性的傾向の強い女性はだれからも好意を持たれた。

もっとも好感度が高かったのは、男女とも、1の男性的傾向の強い男性だった。

逆に、もっとも好感度が低かったのは、2の女性的傾向の強い男性だった。特に女性の評判が悪かった。

結論

●女性は強い男性が好き

●男性は女らしい女性が好き

●自分にないものにあこがれるのである！

恋愛の心理学
37

交際相手と愛を深めるポイント

# 互いに補い合う関係を築こう

## 交際してもすぐに終わってしまうのはなぜ？

恋に落ちてしばらくは、めくるめくような日々が続きます。感情は高ぶり世界が刺激的に思えるでしょう。でも、しだいに色褪せて、ふと気が付くと別れのとき――。こんな繰り返しは、恋多き人と言えば聞こえはいいですが、切ないものがあります。なぜ長続きしないのでしょうか？

心理学者マースタインは、愛を深めるには次の3つの要素が必要だと説きました。

①第一ステージ　刺激（Stimulus）
　出会った瞬間の魅力。
②第二ステージ　価値観（Value）
　考え方や価値観が似ていること。
③第三ステージ　役割（Role）
　互いに足りないところを補い合えること。

頭文字をとって、これを「SVR理論」と言います。愛は、SからV、さらにRという3つのステージを経て深まっていくと考えられています。はじめのうちは、刺激が重要な役割を果たします。相手の顔やスタイル、服装、表情、しぐさ、社会的地位など、主に外見的な魅力です。次に趣味や意見、興味、人生観、生活態度などが似ているかどうかが問題になってきます。そしてさらに愛を深めるには、Rの相補性が必要になってくるのです。

自己主張ばかりではうまくいきません。相手にないものを提供し合うことによって、歯車ががっちりかみ合い、ゆるぎない関係へと深化していくのです。

**外見に惹かれ、共通点を見つけて、互いに補い合える間柄になれれば、愛は深まる。**

# 互いに補い合うのが恋愛の続くコツ

## 恋愛のSVR理論

### 恋愛初期のポイント　S（刺激）

主に外見的な魅力。ここから恋が始まる。

### 恋愛中期のポイント　V（価値感）

考え方や好みが似ていると安心でき、互いに理解しやすい。そのため、関係がスムーズに進展する。

### 結婚に向けてののポイント　R（役割）

相手の要求をうまく包み込み、ピッチャーとキャッチャーのように、互いの役割を果たしていくと、安定した関係が築ける。

### 恋愛が続かないとき

今までの自分の恋愛のパターンを思い返し、ここをチェックしてみよう。

☆外見ばかり重視していなかったか。
☆目先の楽しさばかり追っていなかったか。
☆価値観が合っているかどうか確かめたか。
☆相手の話に真摯に耳を傾けたか。
☆楽しい会話ができたか。
☆きちんと自分の役割を果たそうとしたか。
☆役割の相性は良かったか。

恋愛の心理学 38

新しい恋のチャンスをつかむポイント

# 人の好意を素直に受け取ろう

## 自分がダメに思えてつらいです…

失恋したときは、ちょっとしたやさしさが身に沁みるもの。プライドが傷つき、自己評価もぐっと下がっているので、それまで目に留まらなかった人が急に好ましく思えてきたりします。不安や寂しさがつのり、だれかに支えてもらいたい気持ちが強くなることもあり、失恋後は新たな恋に落ちやすくなるのです。

心理学者ウォルスターは、女子学生を対象に、自己評価の高低が、相手への好感度にどのように影響するか調べました。その結果、自己評価が高い状態にある人より、低い状態にある人のほうが、デートに誘ってくれた男性への好感度が高くなることがわかったのです。

自己評価が低くなっているときは、ふだんより他人がステキに見えます。また、「こんなダメな私を認めて誘ってくれた」と心を動かされ、相手に好意を抱きやすくなるのです。これを「好意の自尊理論」と言います。

では、自信満々のときはどうでしょうか。

自己評価が高いので、積極的に人にアプローチできます。自信に満ちあふれた表情や行動が、周りの人の目には魅力的に映るでしょう。でも、自己評価が高いわけですから、当然、相手に求めるものも多くなります。そのため、自分が納得できる相手と出会うのが難しくなってしまいます。つまり、恋のチャンスが少なくなるのです。

そう思うと、失恋も悪いことばかりではありません。次の恋が待っているのですから、気を取り直して前進しましょう。

チャンスは何度でも訪れる。人の好意を素直に受け取れる今が、恋のはじまりどき。

# 次の恋がそこまできている

## 失恋後は恋に落ちやすい。

失恋

↓

寂しい。不安。

だれかにすがりたい。

自信がなくなる。

↓

相対的に他人への評価が上がる。

↓

やさしくされると、ふだんより感謝の気持ちが強くなる。

↓

相手に好意を抱きやすくなる。

相手の好意も受け入れやすくなる。

↓

新たな恋に落ちる。

失恋したときは思い切り泣けばいいよ。でも、次の恋がすぐそこに来てるんだよ。なんでも経験だと、前向きに考えようね。

恋愛の心理学
39

# 薄暗い場所や狭い場所を選ぼう

合コンやデートで相手と親密度をアップさせるポイント

## 好みの相手か顔をよく見たいのですが

合コンを盛り上げたいのなら、もっとも肝心なことは場所の選定です。初対面だから、好みかどうか相手の顔をよく見たいと思うかもしれませんが、実は、暗めのお店でやったほうが話は弾みます。

と言うのは、薄暗いと相手の視線をあまり意識せずにすみ、自分のアラを隠せるという安心感や開放感もあいまって、警戒心がゆるむからです。

アメリカの心理学者ガーゲンは次のような実験をして、それを証明しました。男女のグループを2組作り、一方は明るい部屋へ、もう一方は薄暗い部屋へ誘導しました。すると、明るい部屋のグループは、男女の距離が開いたまま当たりさわりのない会話に終始したのに対し、薄暗い部屋のグループでは徐々に男女の距離が縮まり、ボディータッチだけではなく、抱きしめ合う姿も見られるようになったのです。

このように、薄暗い中では自然に無防備になるので自己開示が進み、互いに好意を抱きやすくなります。狭い部屋だと、さらに効果的。「近接性の要因」で、物理的距離が近いほど心理的距離も近くなるからです。

デートも、暗闇効果をねらえるところがおすすめです。照明を落としたバーのカウンター席やキャンドルが揺れているようなレストランなら、親密度アップ間違いなし。あなどれないのが水族館です。特に深海魚コーナーは、ちょっと暗めでデートにぴったり。肩を寄せ合って見つめているうちに、2人の距離もどんどん縮まるはず。

**薄暗いと警戒心がゆるんで開放的になり、狭い場所なら心理的距離も近くなります。**

# 異性といるときにNGの話題と態度

## 合コンではこんな話題は避けよう

- 家族の社会的地位の高さの話
- 自分や相手と面識のない他人の話
- 最近の経済動向の話
- 最近の国内・国外政治の動向話
- 理想の恋人や結婚相手の話
- 相手が関心のないマニアックな話題
- 過去の恋愛話
- その他過去の思い出話
- 若いころにした悪さ・やんちゃ話
- 深掘りした仕事の話
- 下ネタ話
- 自分をアピールしすぎる話・自慢話
- 年収や貯金などのお金の話
- 愚痴
- 元恋人やその人以外の誰かの悪口

—など。

## こんな態度は嫌われるので要注意

- 食べ方が汚い
- 人の話をあまり聞かない
- 自分ばかりしゃべっている
- ほとんどしゃべらない
- 携帯ばかりいじっている
- 酒癖が悪い
- 上から目線
- ノリが悪い
- 退屈そうにする
- お金に細かい、お金を払わない

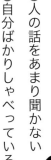

恋愛の心理学 40

告白のタイミングをつかむポイント

# 知り合って3カ月以内に告白しよう

## 告白のタイミングはいつがいい？

さんざん迷った末に勇気を奮って告白したのに、あえなく撃沈……。切ない経験です。

でも一度であきらめるのは早すぎます。告白には驚いて断ったものの、告白されて相手の気持ちが微妙に変化することがあるからです。「好意の返報性」を思い出してください。相手に好きと言われれば、自分もそういう気持ちになってくるものです。

ちょっとタイミングが悪かっただけかもしれません。あなたの本気度が伝わっていない、ということも考えられます。ですから、少し時間を置いて、もう一度プッシュしてみるといいでしょう。感情の押し付けにならないように、適切な距離を保ち、何がいけなかったのか自分なりに検証して、より魅力的なあなたになって再挑戦してみてください。何事もタイミングが大切です。

では、告白のベストタイミングはいつなのでしょうか。社会心理学者栗林克匡《よしまさ》氏が、大学生を対象に告白のタイミングについて調査したところ、知り合って3ヵ月以内に告白するのがもっとも成功率が高いことがわかりました。そのころはいちばん気持ちが盛り上がっている時期ですね。勢いのあるときに、一気に攻め込むのが成功のコツのようです。

逆に、もっとも成功率が低かったのは、1年を経過してからの告白です。あまりにもモタモタしすぎ（？）ということでしょうか。時間的には、やはり真っ昼間より夕方から夜にかけて、がおすすめです。

告白したことではじまる恋もある。成功率が高いのは知り合って3カ月以内。

# 告白成功は3カ月以内、夕暮れ時に

## Q. 告白の成功と失敗を分けるのは?

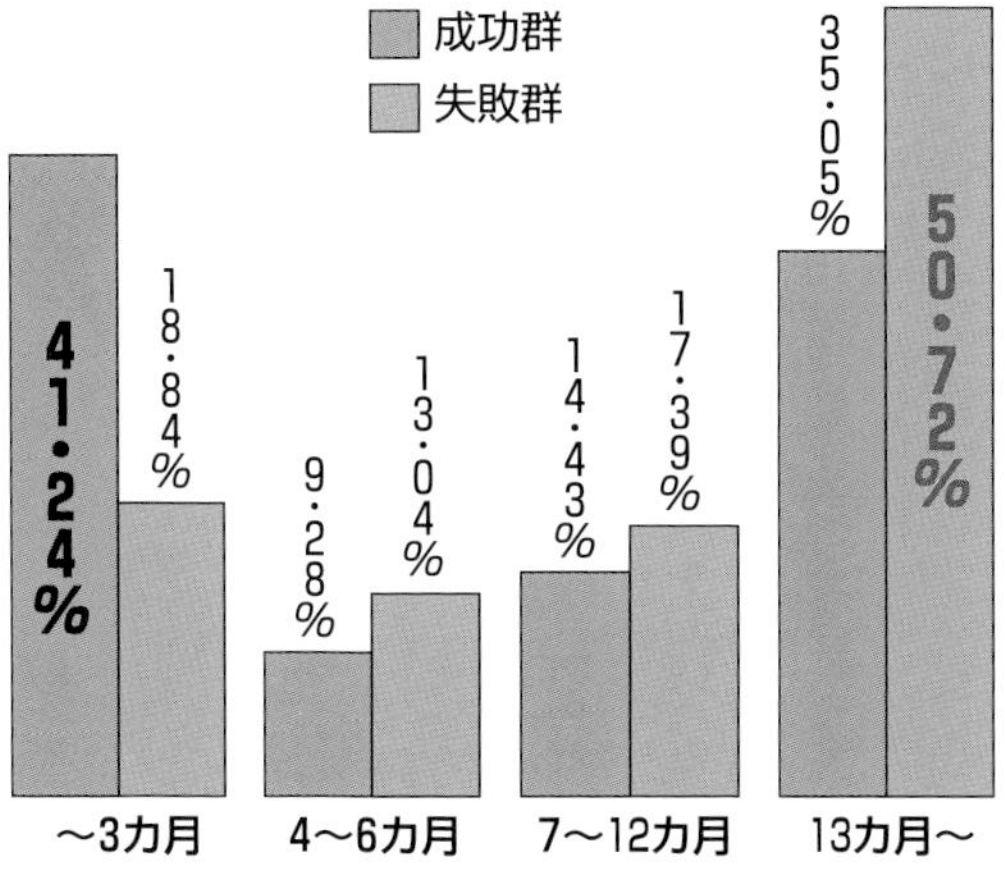
成功群
失敗群
41・24%
18・84%
9・28%
13・04%
14・43%
17・39%
35・05%
50・72%
〜3カ月
4〜6カ月
7〜12カ月
13カ月〜

**告白までの期間**

3ヵ月以内がベスト。早すぎるのも考えものだが、モタモタするのも失敗のもと。

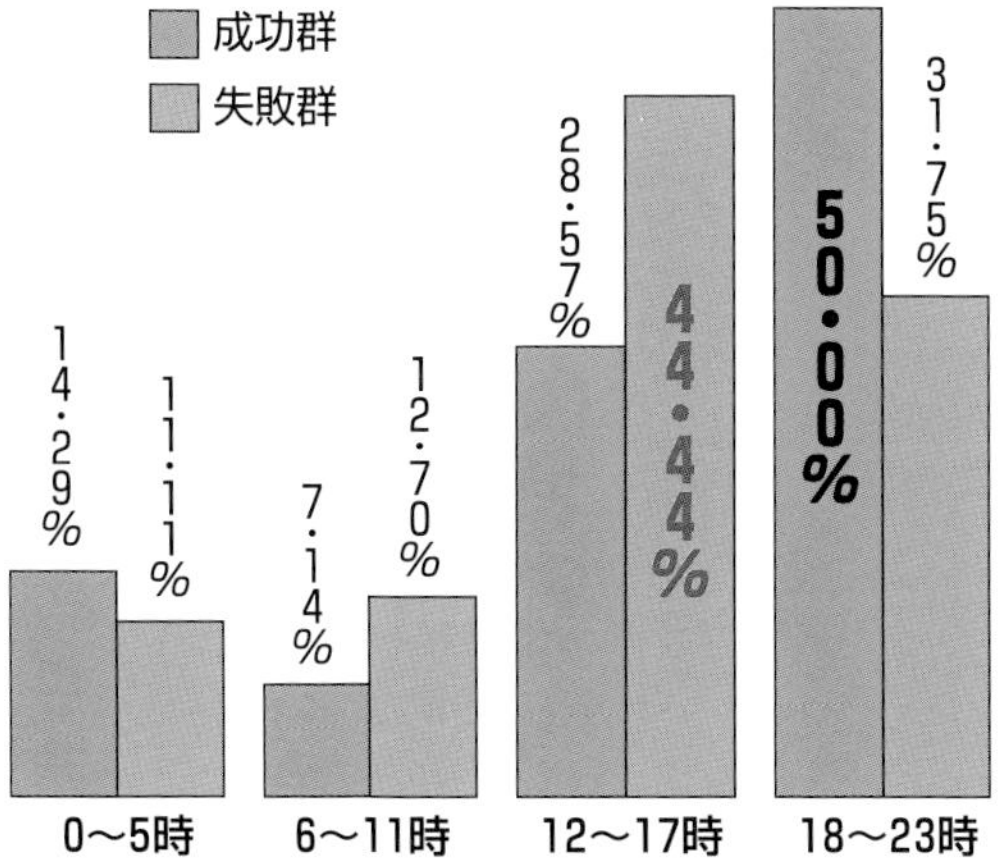
成功群
失敗群
14・29%
11・11%
7・14%
12・70%
28・57%
44・44%
50・00%
31・75%
0〜5時
6〜11時
12〜17時
18〜23時

**告白の時間帯**

午後6時〜11時の成功率が高い。やはり夕闇迫るころから夜にかけてのほうがロマンティックな気分になれる。

※数値は成功群あるいは失敗群における割合　※栗林克匡　2004年

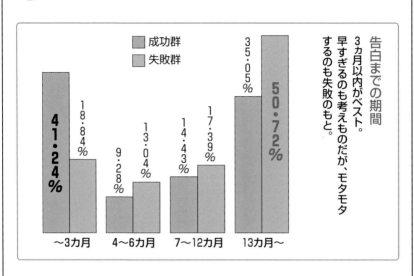

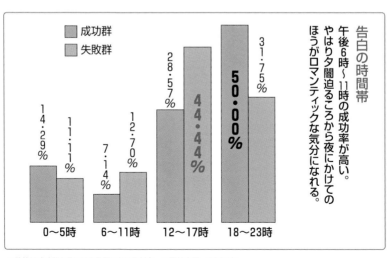

恋愛の心理学 41

気持ちを服の色でアピールするポイント

# 「甘えたい」ときはピンクの服を着よう

## どんな色が恋心を伝えるの?

色はさまざまなメッセージを伝えます。たとえば、街灯をオレンジ色から青色に変えただけで、犯罪を抑止できることがわかり、耳目を集めたのは記憶に新しいところです。青色には鎮静作用があり、心が穏やかになるため、衝動的な行為や、犯罪を抑えると考えられています。

逆に赤色には興奮作用があり、実際に赤を見るとアドレナリンの分泌が盛んになります。勝負服として赤を着る女性が多いのもうなずけます。

このように、色が持つイメージや心理効果を上手に利用すると、自分の印象を良くしたり、相手に思いを伝えやすくなります。

たとえば、オレンジ色は楽しさや喜びを表わします。デートのときに着ていくと、「私はあなたに会えてうれしい」というメッセージやウキウキした気分を伝えられます。相手も楽しい気持ちになって、会話が弾むことでしょう。ピンク色は「やさしくして」という気持ちを表わします。甘えたいときにはぴったりですね。男性はピンクの服を着た彼女を見ると、自然に「守ってあげたい」と思うでしょう。その日自分がアピールしたいことは何かを考え、それにふさわしい色を選べば、よりスムーズにコミュニケーションできるに違いありません。

スイスの心理学者ルッシャーは、8色の中から好きな色のカードを自由に選ばせる実験を繰り返し、独自の色彩心理テストを作り上げました。自分の性格や心理状態を知る手がかりにするといいでしょう。

**「楽しい」はオレンジ、「甘えたい」はピンク。好きな色で性格もわかる。**

# 色が表わすメッセージと性格

## ルッシャーの色彩心理テスト

**赤** **「私を見て」「私は元気」**

赤が好きな人は、エネルギッシュで物欲や名誉欲などが強く、積極的に手に入れようとする。攻撃的な面もあるが、明るい楽天家。

**青** **「安心して」「私は知的」**

青が好きな人は、穏やかで物静か。常に気配りを忘れない誠実な性格。仕事や勉強にも熱心な優等生だが、自分の世界に閉じこもりがちになることも。

**黄** **「楽しくやろう」「私は明るい」**

黄色が好きな人は明朗活発、天真爛漫な性格。変化を好み、夢を追いかける野心家。才気にあふれているが、目立ちたがりやで自己中心的な面も。

**緑** **「仲良くしよう」「私は親切」**

緑が好きな人はプライドが高く、自分に自信を持っている。堅実で我慢強い。頑固な面もあるが、他人に気配りを欠かさない穏やかな性格。

**茶** **「落ち着いて」「私を信頼して」**

茶が好きな人は協調性があり、人づき合いがよい。正直で他人をやさしく包み込む性格。堅実で安定感があるが、変化を恐れる保守的な面も。

**紫** **「私は他の人とは違う」「私は洗練されている」**

紫は、情熱的な赤と冷静沈着な青を混ぜて生まれた色。この色が好きな人は、二面性を秘めている。繊細で感受性が強いロマンチスト。個性的だがナルシストの一面も。

**黒** **「私の言うとおりにして」「私は正しい」**

黒が好きな人は、誇り高く自分の考えをしっかり持っている。理想を追い求め現状を変えようと努力する。知的だが飽きっぽく、協調性に欠ける面もある。

**白** **「あなたに従う」「私は正直で誠実」**

白が好きな人は、素直で誠実な性格。意志が強く、シンプルで質素なものを好む。奉仕の精神にあふれているが、完璧主義で他人に厳しい一面も。

恋愛の心理学42

「あなたが好き」のサインをキャッチするポイント

# 相手のしぐさや表情をよく観察しよう

## 恋のはじまりはどこでわかる？

気になる相手の気持ちが知りたい。こんなときこそ、相手のしぐさや表情（ノンバーバル・コミュニケーション）をよく観察してください。言葉より、無意識の行動にこそ、相手の本心が表われます。

通常、相手に好意を持てば持つほど、ノンバーバル・コミュニケーションは盛んになります。たとえば、好きでもない人の目をじっと見つめることはありませんが、好きになると思わず見つめてしまいます。それも何回も。つまり、視線が合う回数が前より多くなったと感じるときは、脈ありです。

またボディータッチも増えます。女性が頻繁にタッチするようになったら、好意を持っていると考えていいでしょう。逆に男性から女性へのタッチは基本ＮＧ。交際相手以外の男性からの身体接触を女性は嫌います。

このほか以前より２人の距離が近い、いつも笑顔でしっかり話に耳を傾けてくれる、自分が話したことをよく覚えていてくれる、プライベートな話が増えてきた、会話の量が増えてきた、などは脈ありのサインです。

さらに相手の瞳をよく見てみましょう。心理学者ヘスとボルトの実験によって、人間は好きなものを見ると、瞳孔が拡大することがわかっています。つまり黒目がちになります。

「君の瞳に恋してる」という歌がありますが、実際、恋人を見つめているときには瞳が大きくなるので、女性はふだんよりかわいらしく見えるのです。

よく視線が合う、距離が近くなる、タッチが多くなる、黒目がちにじっと見る。

# 口に出すより「好き」が伝わる

## これが脈ありのサイン！

視線がよく合う。じっと見つめられることがある。

相手の目が黒目がちになっている。

以前より近くに座るようになった。

ボディータッチが多い。

会話が弾む。メールの文章が長い。返信が早い。

あなたについていろいろ知りたがる。

プライベートな話や失敗談をよくしてくれる。

いつもニコニコして話を聞いてくれる。

恋愛の心理学 43

デートの場所を選ぶポイント

# スリル満点、ドキドキの場所に出かけよう

## スリルとときめきの勘違いから恋が始まる？

前に述べたように、暗めの場所でのデートは、警戒心を解くので2人の距離を縮める効果大です。もう1つおすすめなのが、ドキドキする場所でのデートです。

と言うのは、生理的なドキドキを、そばにいる人への恋のときめきだと勘違いすることがあるからです。

カナダの心理学者ダットンとアロンは、深い峡谷にかかる、目もくらむ高さ70メートルのゆらゆら揺れる吊り橋と、高さ3メートルのしっかり固定された橋の上で実験を行いました。2つの橋を渡ってくる青年たちに、同じ女子学生が声をかけ、橋の違いが女子学生への好感度にどのような影響を及ぼすか調べたのです。

その結果、固定橋より、吊り橋を渡ってきた男性のほうが、女子学生に好意を示す確率が、なんと約4倍も高いことがわかりました。

高い場所にある不安定な吊り橋を渡ると、怖くてドキドキします。生理的に興奮しているだけなのですが、女子学生が魅力的だからドキドキしていると思い込んでしまったのです。これを「原因帰属の錯誤」と言います。

つまりスリル満点の場所や興奮する場所でデートすると、恋に落ちやすくなるということです。ディズニーランドのようなテーマパークではジェットコースターもいいですが、2人乗りのバギーで幽霊屋敷を突き進むなんて最高ですね。暗くて怖いと親和欲求も高まり、ぐっと親密になれること請け合いです。ただし、しょせん勘違いですから、長続きするかどうかはあなたしだいです。

恋の吊り橋理論で恋人同士に。スリル満点、ドキドキの場所に出かけよう。

# 恋の吊り橋理論を上手に使おう

## ドキドキと興奮が恋を招く？

ドキドキすると、相手にときめいているのだと錯覚する。

テーマパークや遊園地

スリルのあるアトラクションがおすすめ。

サッカーや野球などのスポーツ観戦

興奮して、手を取り合ったり、ハグしたりできるかも。

2人でスポーツやゲームを楽しむ

2人が対戦できるゲームなら、なお盛り上がる。

映画を観る

手に汗握るアクション映画やホラー映画がおすすめ。

恋愛の心理学 44

好感度を上げるための相手をほめるポイント

# 軽くけなしたあとで心をこめてほめよう

## どんなふうにほめると好感度が上がる?

ほめられて悪い気がする人はいません。相手を積極的にほめると、気を良くしてくれるはず。

でも、ほめ方にもちょっとしたコツがあります。ほめ続けるのではなく、いったんけなしてからほめるのです。不思議に思うかもしれませんが、そのほうがずっと好感度がアップするという研究結果が出ています。

アメリカの心理学者アロンソンとリンダーは、女子学生が、自分について評価した相手に、どの程度好意を持ったかを調べました。評価は次の4通りです。

①「感じがよい」「知的だ」などと最初から最後までほめ続けた。

②「平凡だ」「魅力がない」などと最初から最後までけなし続けた。

③最初は「好感が持てない」とけなすが、徐々に評価を上げ、最後は「魅力的」とほめた。

④最初は「魅力的」とほめるが、徐々に評価を下げ、最後は「好感が持てない」とけなした。

もっとも好感度が高かったのは、①のほめ続けた人より、③のマイナスの評価からプラスの評価に変えてくれた人でした。自分の行動が認められて、自尊心が満たされたのです。また、最初にマイナス評価を受けて自己評価が低くなったときにほめられたので、より喜びが大きくなったとも考えられます。

ひたすらほめ続けると、お世辞と思われたり、それがあたりまえになって感動が薄くなります。

**最初は一部を軽くけなして、それから心をこめてほめるほうが効果大。**

# 少しけなしてからほめるのがコツ

## ほめ方によって好感度はどう変わる？

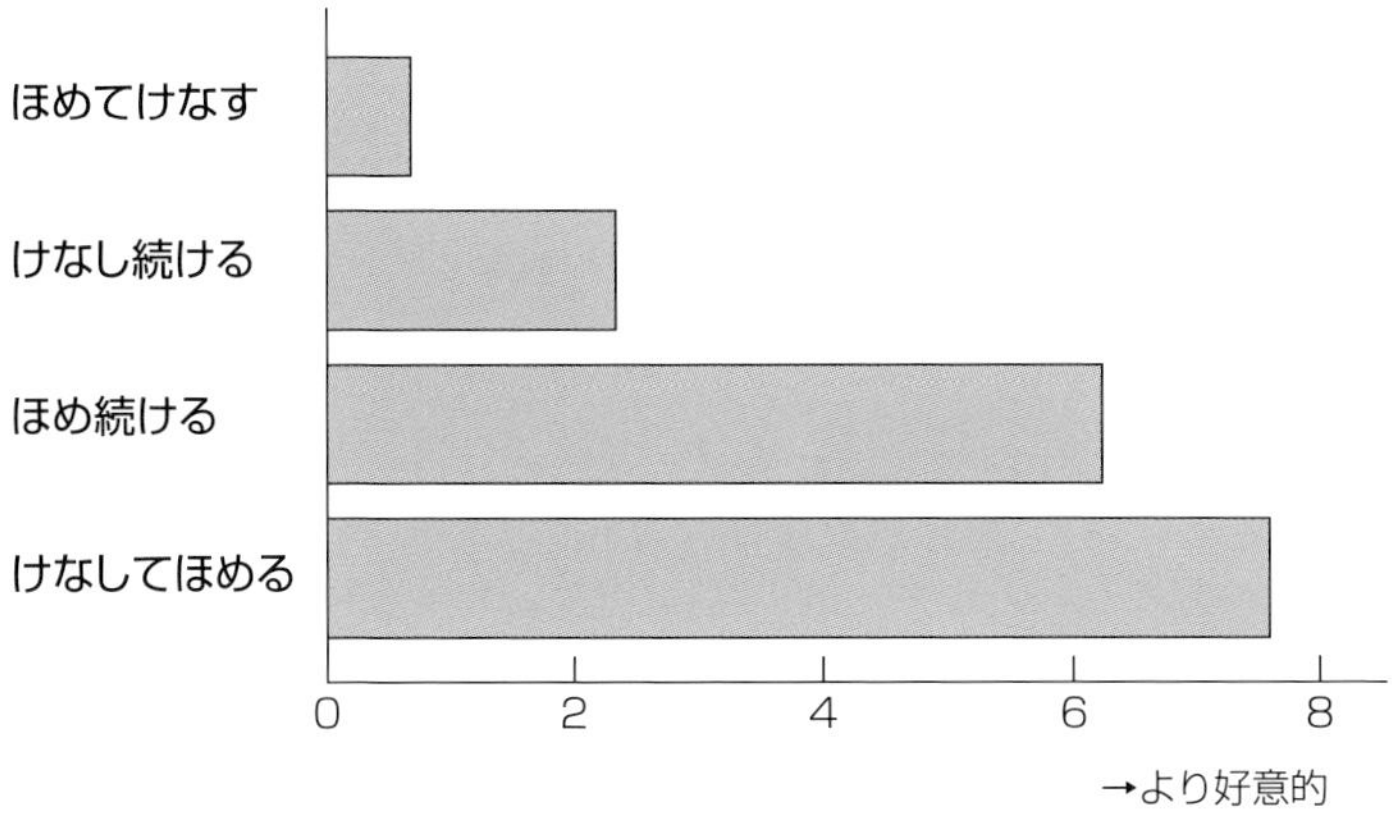
ほめてけなす
けなし続ける
ほめ続ける
けなしてほめる
0
2
4
6
8
→より好意的

Aronson&Linder　1965

もっとも好感度が高いのは、
けなした後ほめた人。
もっとも嫌われたのは、
ほめた後けなした人。

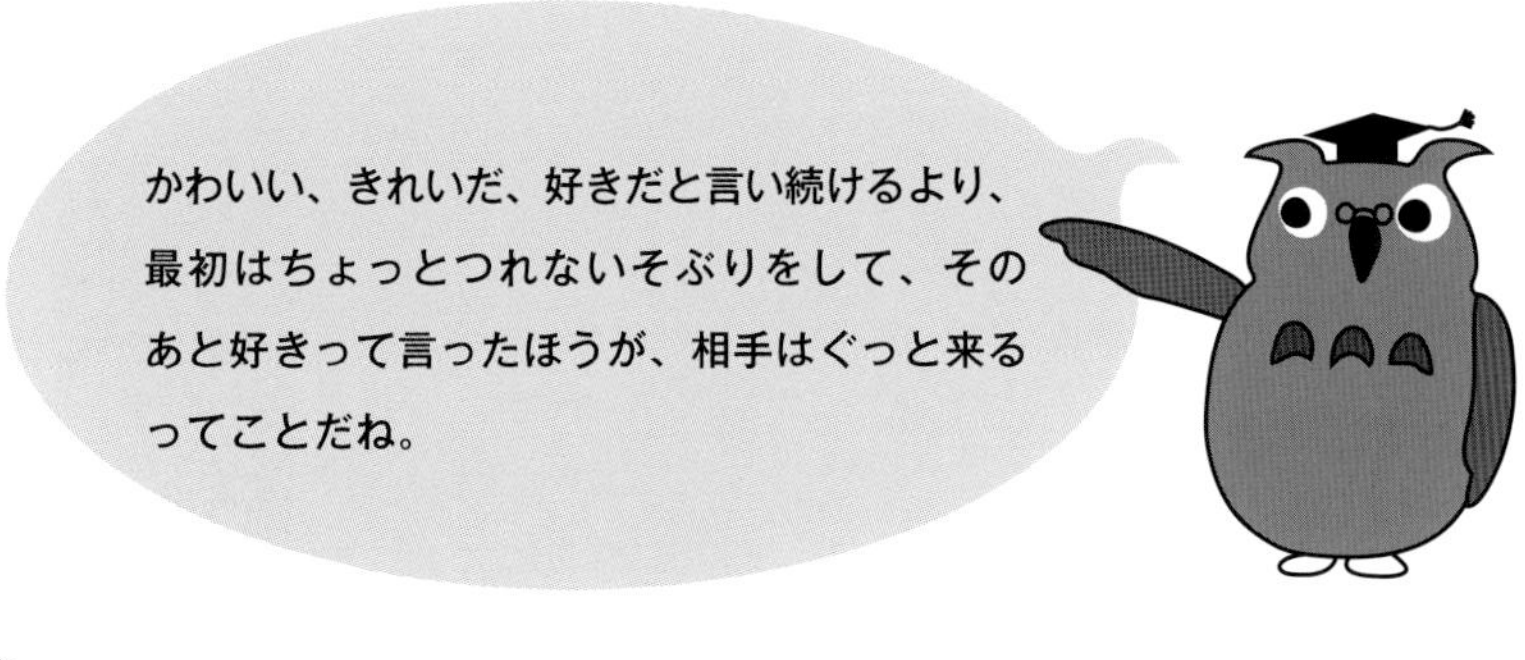
かわいい、きれいだ、好きだと言い続けるより、最初はちょっとつれないそぶりをして、そのあと好きって言ったほうが、相手はぐっと来るってことだね。

恋愛の心理学45

交際相手と一体感を得るポイント

# 相手のしぐさに同調しよう

## カップルが同じことをするのはなぜ?

おしゃれなカフェでコーヒーを飲んでいる2人。一方がカップをテーブルに置くと、もう一方も置く。一方が小首をかしげてにっこりすると、もう一方も同じしぐさでにっこり……。こんな光景をしばしば見かけます。

恋人同士はしぐさが似てくるのです。相手と一体感を得ようとして、無意識にまねてしまうのですね。

これを「シンクロニー（同調傾向）」と言います。この人といい関係を築いていきたい、もっと仲良くなりたい、という気持ちがそうさせると考えられています。仲が良ければ良いほどシンクロニーは増え、話し方やイントネーションまで似てきてしまうのです。

仲の良い夫婦は顔が似てくると言いますが、雰囲気やしぐさ、言葉遣いなど、シンクロしていることが多いので、ますます似ているように見えるのですね。

仲が良ければ動作が似るのなら、意識的に動作をまねると親しくなれるのでしょうか。

これは「ミラーリング」といわれるテクニックで、じつはビジネスや友人関係でもかなり有効です。姿勢やうなずき、足の組み方、しぐさ、手振りなど、鏡に映っているかのように、相手の動作をまねます。

相手が腕をこすると自分もこすってみる、相手が足を組むと自分も組んでみる、という具合です。これによって、安心感や親近感がわき、相手の警戒心が薄れます。

もちろん意図してまねているのがばれると変な人と思われるので、自然な感じでさりげなくやりましょう。

**しぐさに同調すると一体感が得られる。自然に合わせると恋も仕事もうまくいく。**

# 動作をまねる「ミラーリング」

ラブラブのカップルはしぐさが似ている。
もっとラブラブになりたいという気持ちが
無意識にそうさせる。

しぐさがバラバラのカップルは長続き
しないかも。もう別れようかなという
気持ちが無意識にそうさせる？

けんかして、素直に「ごめんね」
と言えないときは、こっそりミ
ラーリングをしてみよう。なん
となく雰囲気がなごんでくる。

言葉やイントネーションもまねてみよう。
たとえば、相手が「おもしろすぎ～」と
言ったら、「ほんと、おもしろすぎ～」と、
同じイントネーションで言ってみよう。

恋愛の心理学46

## 交際相手とすぐに別れないためのポイント
# 愛し続ける決意をしよう

### メールの返信が遅いと不安でたまりません

恋は、喜びと同じくらい不安も連れてきます。彼がちらりと通りすがりの美人に目を向けただけで、「ああ、あんな人が好みに違いない。私なんて……」と落ち込んだり、「ごめん。その日は友達と約束があるから」とデートを断られると「私より友達のほうが大事なの」とイライラしたり……。

彼はただ「その日は都合が悪い」と言っているだけなのに、「自分が拒否されている」ように感じて不安でたまらなくなるのです。このような傾向を「拒絶への敏感性」とか「拒否感受性」と言います。

こういう人は愛情を何度も確かめずにはいられません。メールの返信がちょっと遅かっただけで「もう、私のこと愛していないんだ」と勝手に自己完結して、なじったりします。相手は驚くだけではなく、自分を信頼してくれていないんだと落胆し、恋も冷めてしまいます。

実際、拒否感受性が高い人は低い人よりも、別れる確率が2倍以上高い、という研究結果が出ています。

アメリカの心理学者スタンバーグは、恋愛は、①親密性、②情熱、③コミットメントの3つの要素で成り立っており、それぞれの強さによって愛の形も異なる、と説きました。親密性は、親しさや互いの理解の深さです。これだけだと友人関係と同じですが、情熱が加わることによって、恋愛関係へと進展していきます。さらに愛を深めるには③のコミットメント、つまり愛し続けていくぞという決意や相手を信頼することが不可欠なのです。

「拒否された」とすぐ思う人は別れる確率も2倍以上に。信頼こそが愛を育てる。

# スタンバーグの愛の三角理論

## 愛の３要素

| | |
|---|---|
| **①親密性** | 愛の核となるもの。相手と親密に結びついているという感情的要素。恋人だけではなく、親や兄弟、親しい友人にもみられる。 |
| **②情　熱** | ロマンスや身体的なつながりへの衝動を含む要素。恋愛関係にのみみられる。 |
| **③コミットメント** | 愛し続けよう、相手を信頼しようという決意。関係を維持していくには不可欠の要素。 |

## 主な愛の形

### ●完璧愛タイプ

愛の理想の形

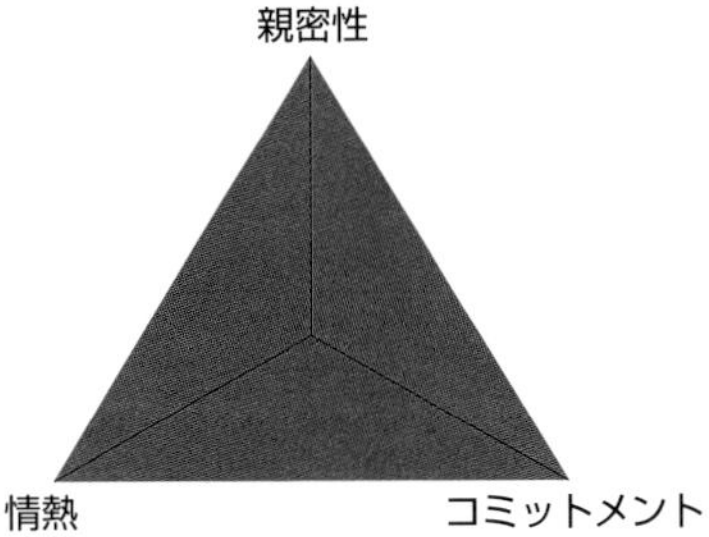


### ●好意タイプ

友人関係にみられるような愛

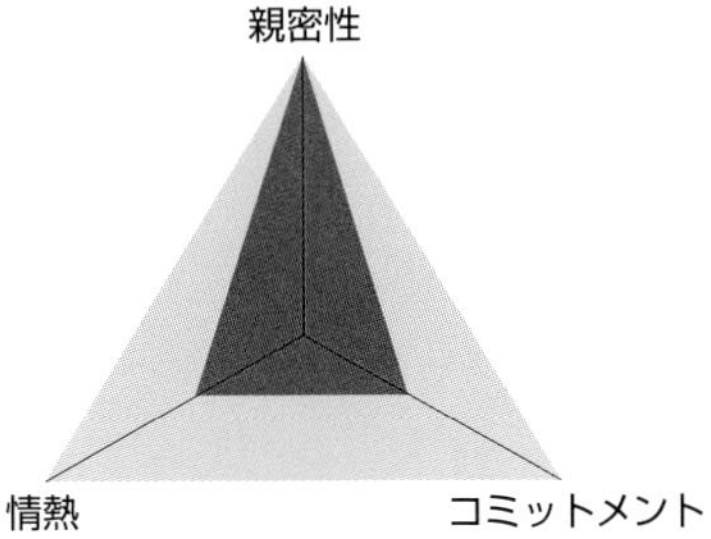


### ●熱中愛タイプ

一目ぼれのときのような熱愛

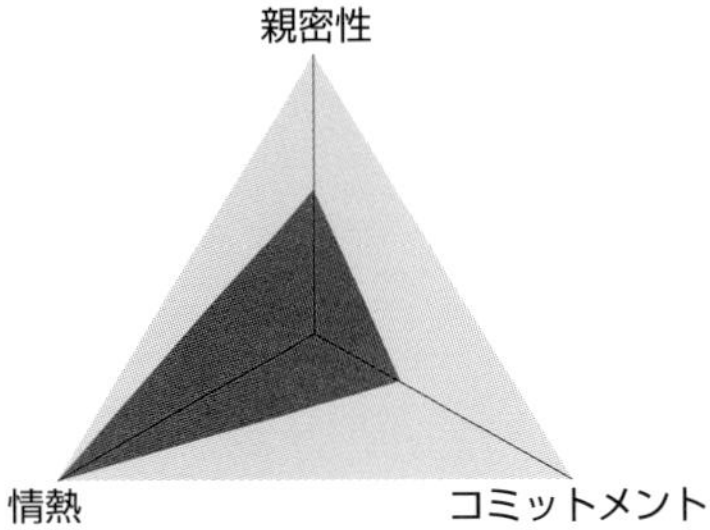


### ●虚愛タイプ

関係だけが続いているむなしい愛

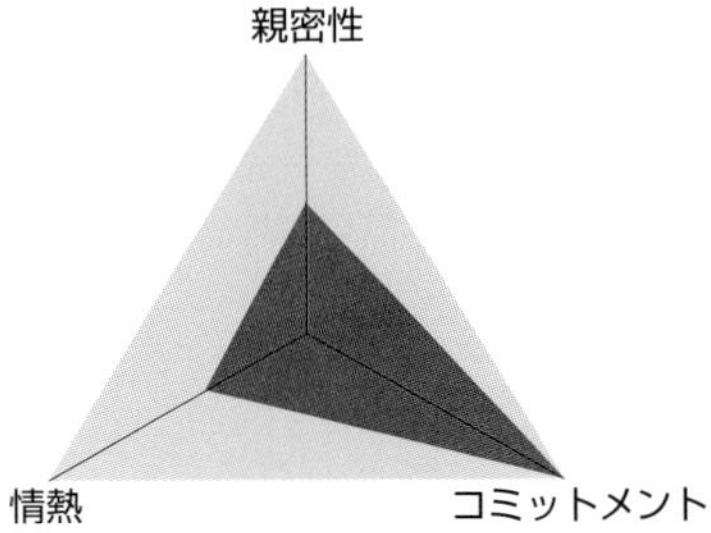

恋愛の心理学 47

交際相手とけんかを防ぐポイント

# 互いを大切にできるほど距離を保とう

## モメても仲直りできるうちはいいけれど…

どんなに仲の良い恋人同士でもけんかすることはあります。親しいから、互いに甘えが出てけんかしてしまうのですね。親しければ親しいほど、「相手は自分の気持ちをわかってくれるはず」と思い込みます。そのため、期待どおりの反応が返ってこないと、裏切られたような気持ちになり、よけいに腹が立ってしまうのです。

けんかをしても、互いの気持ちをすり合わせて仲直りできれば問題ありませんが、対処がまずくてささいなことから別れ話にまで発展したりしてはたいへんです。「親しき仲にも礼儀あり」というように、どんなにラブラブでも、思いやりや適度の距離感は必要です。

アメリカの精神科医ベラックは、このような関係をドイツの哲学者ショーペンハウアーの寓話から「ヤマアラシのジレンマ」と名づけました。この寓話では、冬の寒い夜、ヤマアラシのカップルが体を寄せ合って寒さをしのごうとします。しかしくっつきすぎるとトゲで傷つけ合ってしまい、離れすぎると凍えてしまいます。くっついたり離れたりしながら、ほどよい距離を探すのです。

恋愛もこれと同じで、近づきすぎても離れすぎてもうまくいきません。相手を傷つけず温め合える距離を2人で見つけ、保つように心がけましょう。

それでもけんかになったら、エスカレートする前にいったん1人になって頭を冷やしましょう。大切なのは言い負かすこと？ 違いを違いとしてわかり合うこと？ 愛を深めていく過程だと自分に言い聞かせましょう。

**ぴったりくっつきたいのは恋愛の初期。互いを大切にできる、ほどよい距離も大切。**

# ほどよい距離が愛を育て深める

## 仲直りするヒント

●1人になって頭を冷やす

「ちょっと休戦」などと言って、近所をぶらっと歩いたりすると、不思議に気持ちが落ち着きます。

●相手の言い分に耳を傾ける

難しいかもしれませんが、自分の主張をする前に、相手の話を聞きましょう。勘違いや思い込みがあるかもしれません。

●できるだけ静かに自分の意見を述べる

怒鳴ったり、ヒステリックに叫んだりすると、ますますエスカレートします。冷静に、冷静にと言い聞かせましょう。

●問題点は何か話し合う

どこに行き違いがあったのか、話し合ってみましょう。相手を責めたり、自分を正当化するのではなく、建設的に考えることが大切です。

●問題解決の方法を考える

けんかの原因によっては、何か新たな解決策を探し出す必要があるかもしれません。2人で、どうすればいいか考えてみましょう。

●互いの改善点を探す

よりよい関係になるために、どこを改善すればよいか話し合い、それぞれの提案を受け入れるよう努力しましょう。ときには妥協も必要です。

●仲直りのルールを作る

「どんなにけんかしても、お休みのメールをする」というような2人のルールを決めましょう。もちろん守ること!

けんかになると言い負かそうと必死になったりするけど、よい関係を保っていくことがいちばん大切だよ。それを忘れないでね。

恋愛の心理学
**48**

交際相手に別れを切り出すときのポイント

# 別れる理由をはっきり告げるのが思いやり

## 誘うより別れのほうがむずかしい…

会うとけんかばかりだし会話も続かない、以前のようにときめかなくなった、などは恋の終わりのサインです。あれほど好きだったのに、なぜか相手のいやな部分ばかりが目につくようになり、思い悩みながらも徐々に決意がかたまって、ついに別れを告げる、というのが一般的なパターンです。

よくよく考えた末に、やはり別れるしかないと決心したら、直接会って告げること。言いにくいからといって、メールや携帯電話、手紙などで一方的に伝えるのは不誠実です。

相手を傷つけずに済む、うまい別れ方などありません。きちんと会って、別れたい理由とさよならの言葉をはっきり告げるのがせめてもの思いやりです。

よく、相手を傷つけまいとして「嫌いになったわけじゃないんだけど」などと言う人がいます。だったら、なんで別れなくてはいけないのか、相手は納得できません。率直に本当の理由を伝えたほうが、相手は早く心の整理がつくでしょう。かっこよくきれいに別れよう、悪者にならないようにしよう、などと思わないことです。

相手は、取り乱したり泣いたり、怒ったりしながら、少しずつ現実を受け入れていきます。ここで情に流されて「じゃあ、しばらく距離を置いて考えてみよう」などと、中途半端なことを言ってはいけません。

別れ話をした後は、相手からのメールや電話にも、反応しないようにしましょう。それが誠意というものです。

**傷つけずに済む別れ方などはない。理由とさよならをはっきり告げるのが思いやり。**

# はっきり別れを告げるのが思いやり

### 別れを告げるとき言った言葉ランキング（男性）

| | |
|---|---|
| 1位 | 嫌いになったわけじゃないけど |
| 2位 | 今は1人になりたい |
| 3位 | つき合うのに疲れた |
| 4位 | 他に好きな人ができた |
| 5位 | 好きじゃなくなった |
| 6位 | 幸せにする自信がない |
| 7位 | 友達に戻りたい |
| 8位 | 2人の将来が見えない、考えられない |
| 9位 | 一緒にいても楽しくない |
| 10位 | 今は恋愛以外に集中したい（たとえば仕事など） |

※gooランキング

### 別れを切り出されたときにしたことランキング（女性）

| | |
|---|---|
| 1位 | 頭が真っ白になって何もできない |
| 2位 | 素直に受け入れる |
| 3位 | 話し合って問題の解決を図る |
| 4位 | 思い出の品を処分する |
| 5位 | 友人に電話をする |
| 6位 | 悲しくて大声で泣く |
| 7位 | とりあえず寝る |
| 8位 | やけ食いする |
| 9位 | とりあえず時間を置こうと提案する |
| 10位 | 携帯メモリを消す |

※gooランキング

### 恋愛で「別れのサイン」だと思うことランキング

| | |
|---|---|
| 1位 | メールの返事が返ってこなくなった |
| 2位 | 電話しても出てくれなくなった |
| 3位 | 会話の返事がそっけなくなった |
| 4位 | 休日に会ってくれなくなった |
| 5位 | 「仕事で会えない」と言われることが多くなった |
| 6位 | 会話が続かなくなった |
| 7位 | 心配をされなくなった（病気のとき、仕事が忙しいときなど） |
| 8位 | 笑顔を見せてくれなくなった |
| 9位 | ケンカ腰の会話をすることが増えた |
| 10位 | 泊まるのを断られるようになった |

※gooランキング

恋愛の心理学 49

自分の感情に素直になるポイント

# 本当に大切なのは何か考えよう

## 断られるのが怖いからわざと知らんぷり

子どもが、好きな子をいじめてしまったり、何かとちょっかいを出すのはよくあることです。「好き」という感情をどう扱えばいいのかわからないのですね。

これと同じようなことが大人にもあります。好きだけど素っ気ない態度をとってみたり、からかって怒らせたり、「ああいうタイプは好みじゃないの」とわざわざ言ってみたり——。「好き」の反対は「無視」と言われるように、本当に好きでないのならいちいち態度や言葉に出すことはありません。じつは気になるのですね。いじめっ子と同じで、相手が気になるからかまってほしくて、からかったり好みじゃないなどと言ってしまうのです。

ではなぜ、いい大人が、素直に好意を示せないのでしょうか。みなさんも心あたりがあるでしょうが、ストレートに「好き」と言える人は、そう多くはありません。恥ずかしいし、好意を伝えて、もし受け入れてもらえなかったらプライドが傷つくからです。

そのような事態になるのを恐れて、本心とは逆のことを言って自分を守っているのです。これを「反動形成」と言います。自己防衛の一つです。

でも、こんなことを繰り返していたら、自分のプライドは守れても、相手にうっとうしがられたり、嫌われたりするのがオチです。

こういう行動を取りがちな人は、その裏にある気持ちを見つめ直し、何がいちばん大切なのかよく考えてみましょう。傷つくことを恐れていては何も始まりません。

好きじゃないふりで自分のプライドを守っている。本当に大切なのは何か考えよう。

# 告白するとき、されるとき

## 恋人がいる全国の20歳～39歳の未婚男女に聞いた。

**Q.** あなたが今の恋人とおつき合いするとき、告白はどちらから？

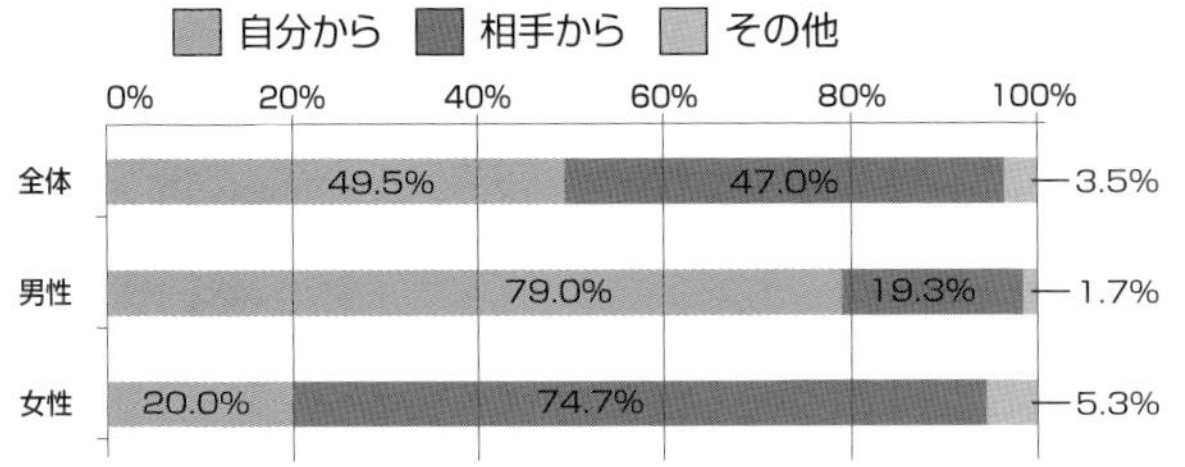
自分から
相手から
その他
0%
20%
40%
60%
80%
100%
全体
49.5%
47.0%
3.5%
男性
79.0%
19.3%
1.7%
女性
20.0%
74.7%
5.3%

**Q.** 今の恋人とおつき合いする際の告白は、どのような方法？

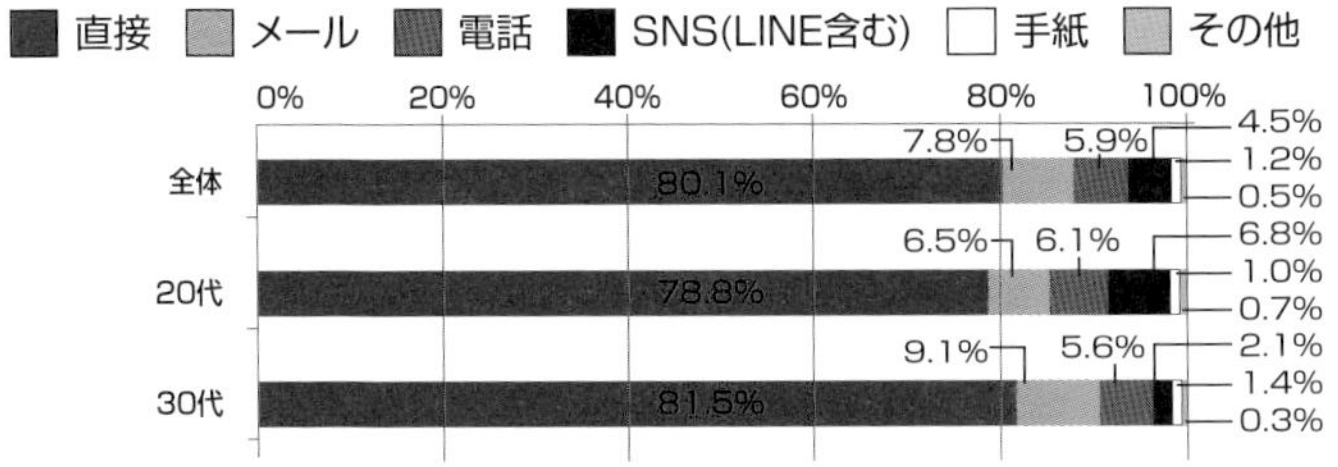
直接
メール
電話
SNS(LINE含む)
手紙
その他
0%
20%
40%
60%
80%
100%
全体
80.1%
7.8%
5.9%
4.5%
1.2%
0.5%
20代
78.8%
6.5%
6.1%
6.8%
1.0%
0.7%
30代
81.5%
9.1%
5.6%
2.1%
1.4%
0.3%

**Q.** あなたがされてうれしいと思う告白方法は？

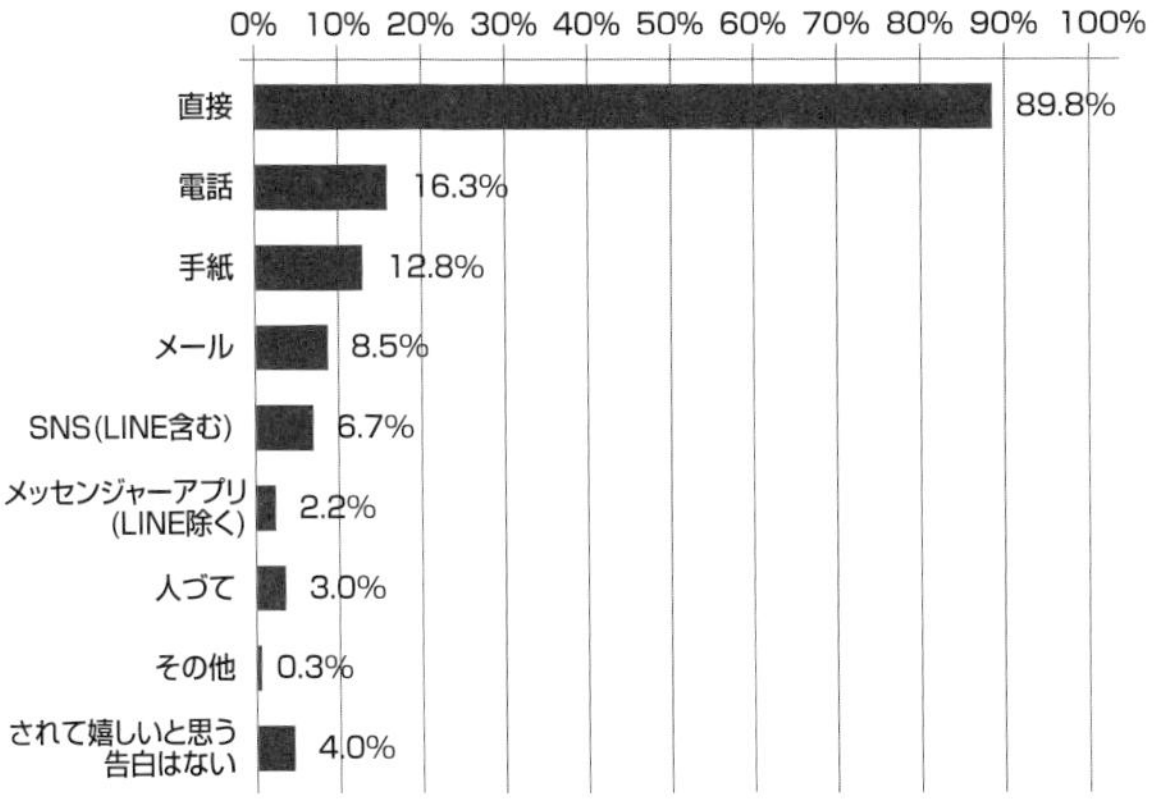
0%
10%
20%
30%
40%
50%
60%
70%
80%
90%
100%
直接
89.8%
電話
16.3%
手紙
12.8%
メール
8.5%
SNS(LINE含む)
6.7%
メッセンジャーアプリ(LINE除く)
2.2%
人づて
3.0%
その他
0.3%
されて嬉しいと思う告白はない
4.0%

出典:総合マーケティング支援を行なうネオマーケティングの調査結果(2017年5月)

恋愛の心理学 50

相手がウソをついているかどうか判断するポイント

# 女性のだまし言葉に要注意

## 男性と女性ではどちらがウソつきか？

2010年イギリスで、3000人を対象に行われた調査によると、意外にも女性より男性のほうがウソつき、という結果が出ました。

ウソをつく頻度は男性が日に3回、女性は日に2回だったそうです。もっとも多い男性のウソは「ぼくはそんなにアルコールを飲んでないよ」。健康上は困ったものだと思いますが、さほど罪のないかわいいウソですね。女性は、自分の本心を隠して「何でもないわ、だいじょうぶ」とウソをつくケースがいちばん多かったそうです。

男女ともに、大半の人が、ウソをつくと良心の呵責を感じると答えています。

では、上手にウソをつくのはどちらでしょう？　これは圧倒的に女性に軍配が上がります。

アメリカの心理学者エクスタインは、次のような実験をしました。男性と女性が一対一で話し合いをします。はじめは本当のことを話すように指示し、途中から男性にも女性にもウソをつくように指示したのです。

すると、ウソをつき始めると、本当のことを話しているときより、男性は相手の顔を見つめる時間が減ったのに対し、女性はより長く見つめるようになったのです。つまり、男性は後ろめたいからか視線をそらせるのに、女性はウソをつきながらも平然と視線を合わせるというわけです。

「本当なのよ。ウソだと思うのなら私の目を見て！」などと女性に言われても、信じてはいけません。

**ウソをつく回数は男性が多いが、女性のほうが相手の目を見て上手にウソをつく。**

# 女性の方が圧倒的にウソが上手

## こんなとき、人はウソをつく

●見栄を張りたいとき
有名人と友達だとか、ブランドバッグを山のように持っているなどと言う。

●自分の能力をアピールしたいとき
料理が得意とか、同期でいちばん出世が早いなどと自慢する。

●相手を傷つけたくないとき
気に入らないプレゼントでも「これ欲しかったの」と喜ぶフリをする。

●対立を避けたいとき
なんの予定もないのに「ごめん、その日はちょっと先約があって」などと言って誘いを断る。

●失敗を責められたとき
「電車が遅れちゃってどうしようもなかった」などと待ち合わせに遅れた言い訳をする。

●人をだましたいとき
つき合っている人がいるのに「恋人はいないからつき合おう」などと言って誘惑する。

恋愛の心理学 51

男性のウソを見破るポイント

# 本当らしく見せたりおおげさな話は要注意

## 女性はウソをつき慣れているから見破るのも上手？

女性がウソがうまいのは、対人関係のトラブルを避けるため、あるいは相手を傷つけないため、日々小さなウソをつき慣れているからです。女性にとっては「まさしくウソも方便」で、一つの処世術なのです。

それに比べると男性はウソが下手です。なんとか本当らしく見せようとする様子やおおげさな話がかえって疑惑を招き、すぐにウソだと見抜かれてしまうのです。

そのうえ、女性は男性よりも表情を読み取る力にたけています。アメリカで、次のような実験が行われました。怒りや微笑み、悲しみなど、さまざまな表情をしている人の写真を男女の被験者に見せ、どれだけその表情を読み取れるかを調べたのです。

すると、幸せな表情は男女ともにほとんどの人が読み取れたのですが、悲しみの表情は9割の女性が読み取れたのに対し、男性は7割にとどまりました。このように、女性は表情を見抜く力が鋭く直感力もすぐれています。女の第六感ですね。ちょっとしたしぐさや匂い、ふだんとは微妙に違う態度や雰囲気でピンとくるわけです。

こうした男女の差は、脳の使い方の違いによるものとする説があります。一般に、男性は主に左脳を使い女性より論理的な思考が得意と言われています。一方、女性は左脳右脳をバランスよく使っているので、「何か変？」と感じると、すばやく脳全体で情報をやりとりして、過去の情報を引き出したり、断片的な情報を集結させることができます。それが嗅覚鋭い、第六感となるわけです。

**左脳の論理的思考でつく男性のウソは、左右の脳を使う女性のカンで見抜かれる。**

# 男性のウソはすぐ見抜かれやすい

## こんな行動にピンとくる

聞いてもないのに変な言い訳をする。

妙にソワソワしている。落ち着かない。目を合わせようとしない。

いつもだれかにメールしている。
携帯電話を隠したり、トイレに
まで持っていったりする。

話のつじつまが合わない。突っ込むとしどろもどろになったり、逆ギレする。

連絡がつかなかったり、何かと理由をつけて会おうとしない。

間違えて、他の子の名前を呼ぶ。

恋愛の心理学 52

女心を知るポイント

# 「ラブ」と「ライク」を区別しよう

## 「ラブ」と「ライク」の女心的違いってなに？

「あなたのことは好きだけど、友達以上には考えられない」

告白されたとき、女性がこんな理由で相手を振るのは珍しいことではありません。好意を持っているからといって、必ずしも交際ＯＫではないのが、女心の難しいところです。男性からすると「好きなのになぜダメ？」と釈然としないと思いますが、女性の中では「ラブ」と「ライク」とは、歴然とした違いがあるのです。

一方、男性は「ラブ」と「ライク」があいまいです。

「あの子かわいいな、ちょっといいな」

という気持ちと「愛している」との間にあまり隔たりがなく、どちらも「惚れちゃった」なのです。そういう意味では、男性のほうがわかりやすく、シンプルといえるでしょう。

「ラブ」と「ライク」は、どちらも「好き」という感情で、その区別はなかなか難しいのですが、心理学では別物と考えられています。

デンマークの心理学者ルビンは、愛情を、恋愛感情における特有の気持ちや感情と定義し、好意とはどこが異なるか検証しました。そして、「ラブ」と「ライク」を区別するポイントは、「だれのために行動しているか」であると結論づけました。「ラブ」は相手の喜びのために、「ライク」は自分が喜びを感じるために行動します。

ラブなのかライクなのかよくわからないときは、それまでの自分の行動を振り返ってみるといいでしょう。

**彼の喜びを優先するのが「ラブ」、自分の喜びを優先するのが「ライク」。**

# 「恋」とただの「好き」の見分け方

## ラブとライクはここが違う

| 「ラブ」の気持ち | | 「ライク」の気持ち | |
|---|---|---|---|
| ① | 相手と情緒的・物理的に密接につながっていたい。 | ① | あの人はとても好ましい人だ。 |
| ② | 相手の幸せのために援助を惜しまない。 | ② | あの人を信頼し、尊敬している。 |
| ③ | 相手と一心同体であるかのように感じ、2人きりになりたい。 | ③ | あの人は自分とよく似ている。 |

## ルビンによるラブとライクの指針（抜粋）

気になる人の名前を入れて、どちらによりあてはまるかチェックしよう！

●ラブ

①（　）さんといっしょにいられないとひどく寂しい。
②（　）さんを独り占めにしたい。
③（　）さんのためなら、なんでもやってあげたい。
④（　）さんがつらいときは、私が真っ先に駆けつけて元気づけてあげたい。
⑤（　）さんといっしょにいるときは、ただ見つめているだけで時間が過ぎる。

●ライク

①（　）さんはとても適応力があると思う。
②（　）さんを責任ある仕事に推薦したいと思う。
③（　）さんのような人になりたいと思う。
④（　）さんに会ったらだれでも好感を持つと思う。
⑤（　）さんといっしょにいると、いつも同じ気分になる。

恋愛の心理学
53

彼女が喜ぶプレゼントをしてあげよう

# 女性がプレゼント好きなわけ

## どうしてそんなにもらうのが好きなの？

女性は誕生日やクリスマスなど特別な日や、普通の日でも男性からプレゼントをもらうのが大好きです。そこには次のような心理が隠れていると考えられています。

●守ってほしい。
●私に関心を持ってほしい。

プレゼントをもらうことで、これらの気持ちが満たされることが、女性にとっては重要なのです。最近は男性と同じようにバリバリ働く女性も多く、必ずしもか弱い存在、守られるべき存在ではありません。それでも、男性に守ってもらうことが女性にとっての大きな喜びなのです。自分が価値のある人間だと感じられるからです。

男性からプレゼントをもらうと、女性は「守ってもらえた」という感覚を持ちます。「金銭的に得をした」とか「欲しいものをゲットできた」より、守られる感覚と自分が大切な存在と確認できるのがうれしいのですね。プレゼントは相手が自分に関心を持ってくれている証《あかし》。これも女性に幸せ感をもたらします。だれからも関心を払われない自分というものに、女性は耐えられないのです。だれかに見守られ、大切に思われながら生きていきたいと、強く願っています。

プレゼントをもらうことによって、独りぼっちの自分という寂しさや不安を打ち消し、安心感を得たいのです。逆に言うと、プレゼントにむやみにこだわる人は自信のない人です。それによってしか、自分の存在価値も幸せも確認できないのですから。

**女性は「だれかに見守られ、大切に思われたい」と強く願う生きもの。**

# 大切にされ守られている感が喜びに

## 女性がもらってうれしいプレゼント

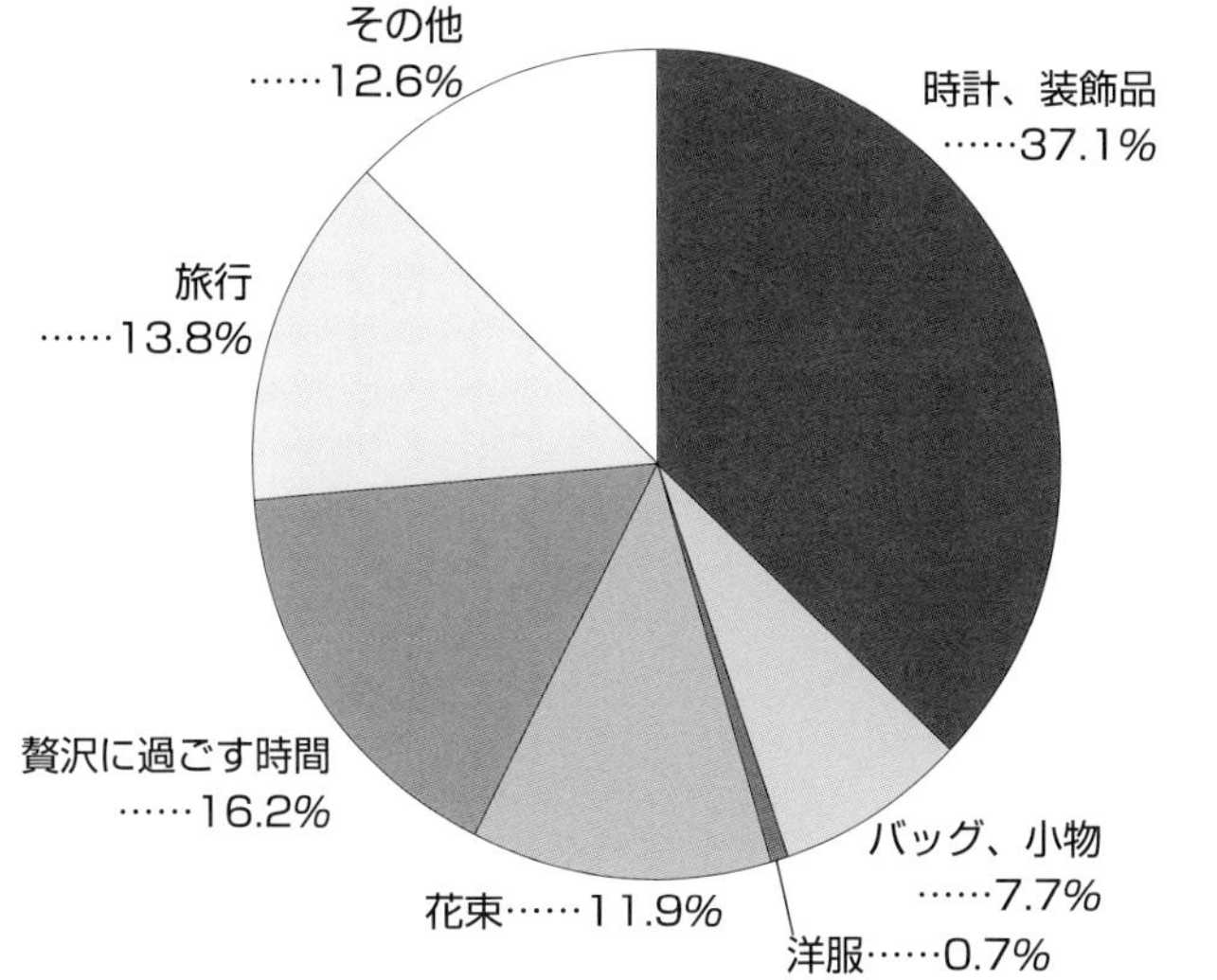
時計、装飾品……37.1%
バッグ、小物……7.7%
洋服……0.7%
花束……11.9%
贅沢に過ごす時間……16.2%
旅行……13.8%
その他……12.6%

※エキサイト「恋愛投票箱」より

花束はやっぱりバラをもらうのがいちばんうれしいみたいだよ。恥ずかしいけど、ぼくもあげようかな。バラの花束。

### 花束をもらった女性の気持ち

- 私は大切にされていると実感した
- ドラマのヒロインになった気分
- 最高に感動して泣きそうになった
- 私のために恥ずかしいのをがまんして用意してくれた、その気持ちがうれしい

恋愛の心理学54

交際相手に浮気されやすい人のポイント

# 相手を「束縛したがる」人は要注意

## 夫より妻のほうが浮気する割合が高い？

浮気は「男の本能」とか「男の甲斐性」などとよく言われますが、女性も同じように浮気しています。

たとえば、ＮＨＫが実施した「ＮＨＫ『日本人の性』プロジェクト」の調査によると、過去1年間に、配偶者や恋人以外の人とセックスしたと回答した人の割合は、男性約18％、女性約13％でした。また、厚生労働省の「第4回男女の生活と意識に関する調査」（２００８年）では、35歳未満の既婚者においては、夫より妻のほうが、配偶者以外と性的な関係を持つ割合が高い、という男性にショッキングな結果が出ています。

男性が浮気をするのは、自分の遺伝子をできるだけ多く残すため、と言われています。女性は生まれてきた子どもはたしかに自分の子とわかりますが、男性は自分の子と信じるしかないのです。このためたくさんの女性とセックスをして、1人でも多く、自分の子どもを残そうとするのだと考えられています。実際に、男性の浮気は、身体的な関係だけということが少なくありません。

一方、女性も、より優秀な遺伝子を手に入れるために浮気をする、という説があります。しかし女性の場合は、セックスだけではなく、精神的なよりどころも求めていることが多いようです。

恋人ができても、浮気されやすい人がいます。束縛したがる人や常に相手の顔色をうかがう人、追いかけすぎる人は、浮気をされやすいと言われています。自分に自信を持ち、相手と対等の関係を築くことが大切です。

**相手を束縛する・顔色をうかがう・相手を追いかけすぎる人は浮気されやすい。**

# 浮気されやすいのには理由がある

## 浮気されやすい人ランキング

| | |
|---|---|
| 1位 | 束縛をしたがる。 |
| 2位 | ナンパしてきた人とすぐにつき合う。 |
| 3位 | ウソをつく。 |
| 4位 | なんでも言いなりで自分の意見がない。 |
| 5位 | 勝手に携帯を見る。 |
| 6位 | 尽くす。 |
| 7位 | 釣った魚にエサをやらない。 |
| 8位 | ネガティブ思考。 |
| 9位 | 仕事や勉強が忙しすぎる。 |
| 10位 | 異性の友達は認めない。 |

※gooランキング

**自分に自信を持つのが大切。**

### 浮気をする人の気持ち

- マンネリ化してときめきを感じなくなった
- 何か満たされないものを感じる
- パートナーより好きな人があらわれた
- パートナーが忙しくてかまってくれない
- より充実したセックス・ライフを楽しみたい
- 刺激が欲しい

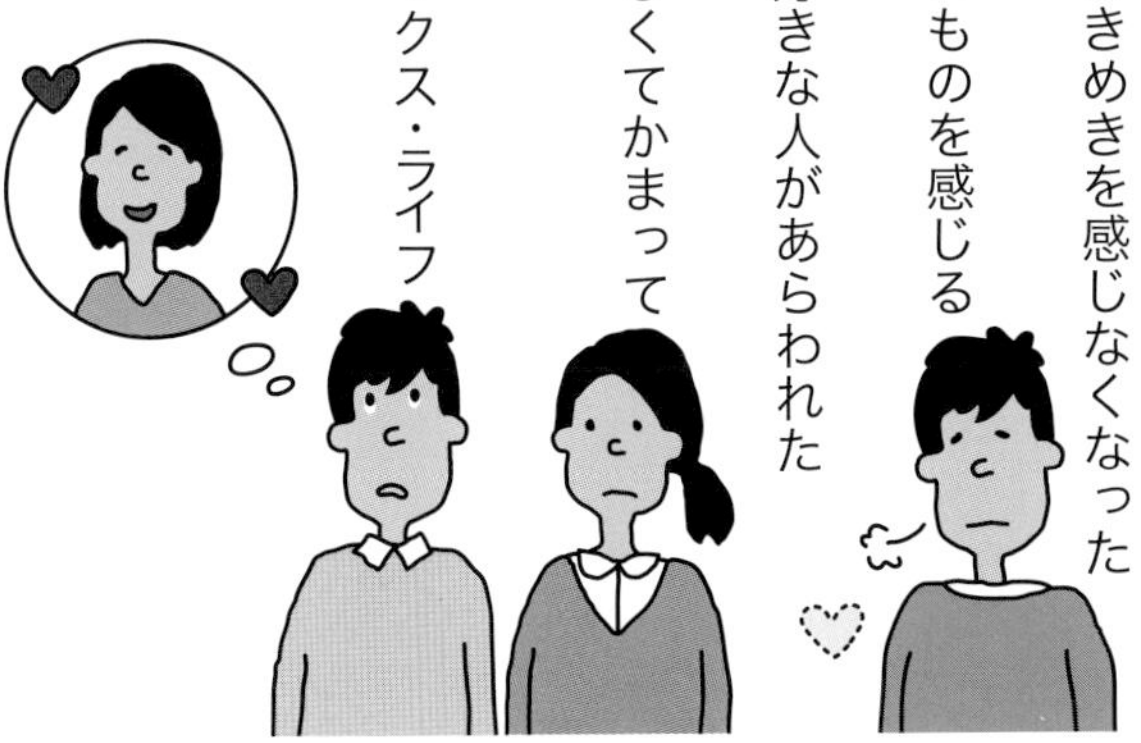

恋愛の心理学 55

# 暴力は決して容認しないようにしよう

交際相手からDV被害を受けたときの対処のポイント

## 逃げたければ逃げられる？

恋人や配偶者から受ける暴力を、DV（ドメスティック・バイオレンス）と言います。夫から妻への暴力が圧倒的に多かったのですが、妻から夫、「デートDV」と呼ばれるような、恋人間の暴力も増えています。DVは身体的な暴力だけではなく、精神的虐待や言葉の暴力、性的虐待、経済的暴力、社会的隔離なども含まれます。

DV研究家として知られるアメリカの心理学者ウォーカーは、DVでは次の3つの局面が繰り返されると説きました。これを「暴力のサイクル理論」と言います。

①緊張期

加害者がイライラや不満をつのらせている時期。暴力を振るうわけではないが、ピリピリした空気が漂う。

②爆発期

緊張がピークに達し、激しく暴力を振るう。

③ハネムーン期

暴力を振るったことを後悔し、人が変わったように優しくなる。しかし長くは続かず、①から繰り返される。

このように、常に暴力を振るっているわけではなく、事後のハネムーン期に涙ながらに謝罪したりするので、「この人を助けられるのは自分しかいない」と変な使命感にとらわれたり、「いつか変わってくれるはず」と期待して関係を続けてしまうのです。暴力を受け続けているうちに、自立心や自尊感情が失われ、ますます離れられなくなります。決して暴力を容認してはいけません。とにかく逃げて、自分を大切にすることを学びましょう。

**「彼の頼りは私」「いつか変わってくれる」と使命感と期待の中で自分を見失う。**

# 恋人のデートDVを許してはダメ

## Q. 交際相手からDV被害を受けたときどうしたか?

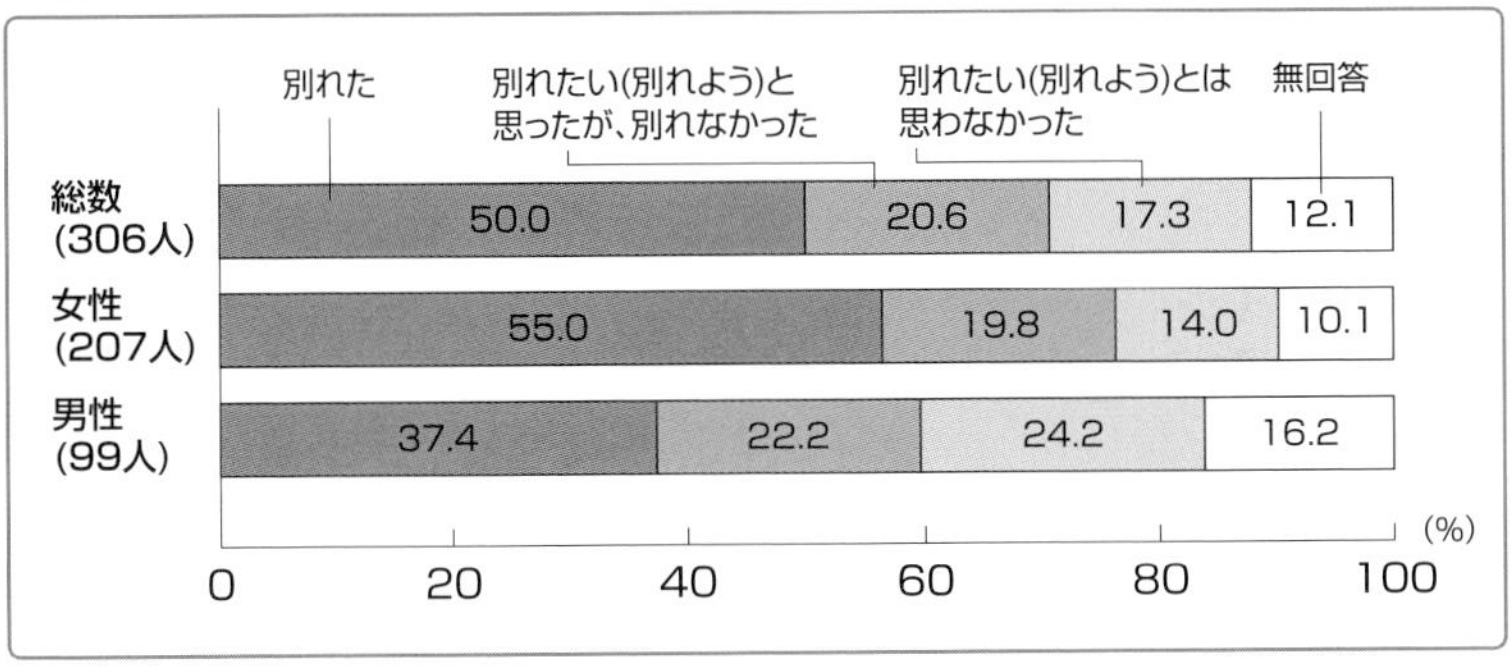


## Q. なぜ加害者と別れなかったのか?(複数回答)

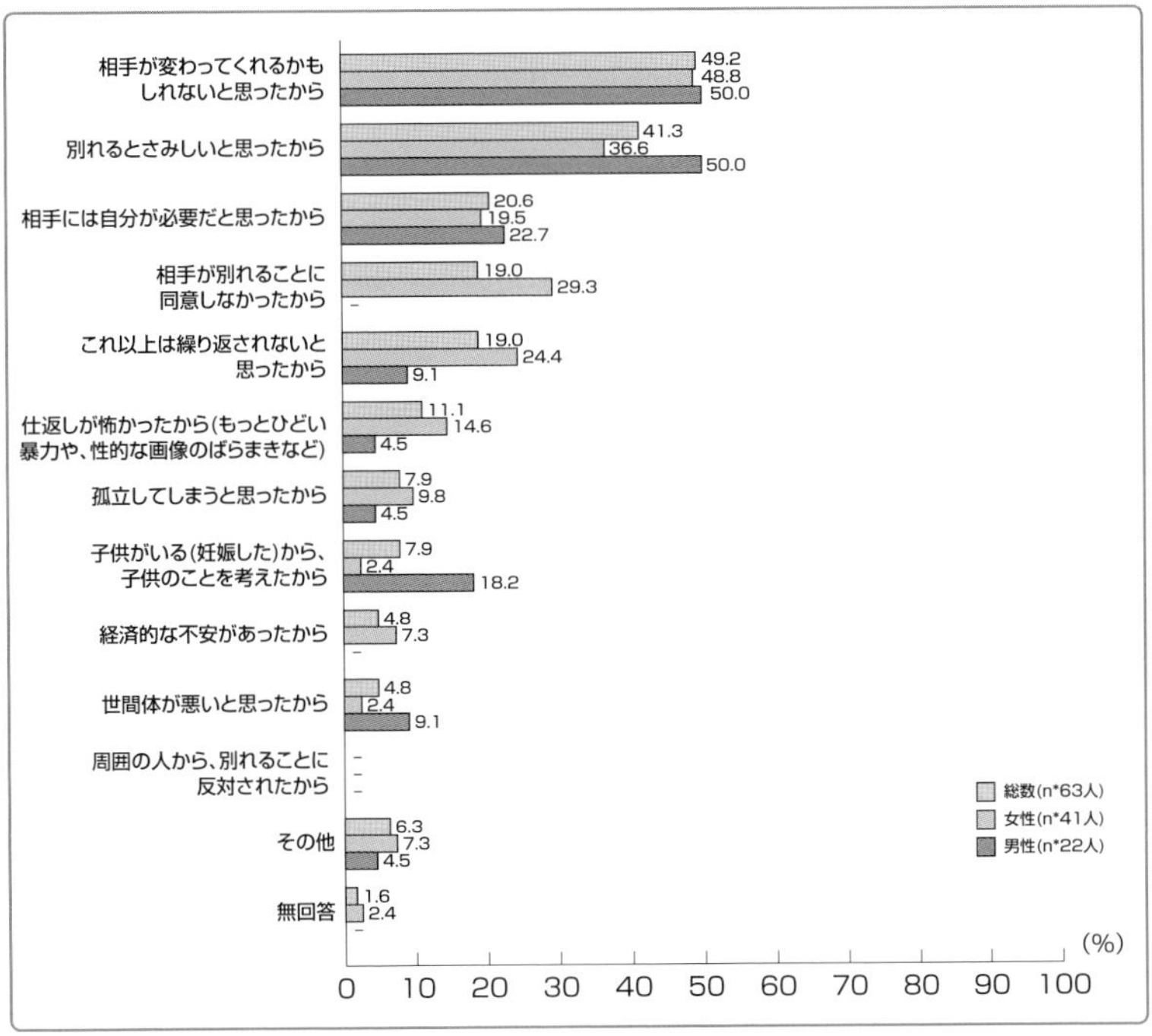


出典:内閣府「男女間における暴力に関する調査」(2018年)

恋愛の心理学 56

嫉妬心とうまくつき合うポイント

# 嫉妬心は上手にコントロールしよう

## 愛している証拠だから仕方ない？

恋愛に嫉妬はつきものです。少しぐらいのやきもちならかわいいですませられますが、度がすぎると破局の原因になることもあります。相手の携帯を常にチェックしたり、今どこにいるのか、だれといるのかとしつこく聞いてみたり、嫉妬は束縛に結びつくことが多いものです。

「こんなにも愛されている」と思う人もいるかもしれませんが、束縛は愛ではありません。「恋人をほかの人にとられるのではないか」という自分の不安を打ち消したいだけで、身勝手な自己愛と言えます。

不安を解消したいのなら、束縛するのではなく、徹底的に自分を磨きましょう。だれよりもいい男、いい女になって、あなたの魅力で相手を虜《とりこ》にすればいいのです。自信がないから不安になるのです。自分に自信を持つことが、嫉妬心を撃退するもっとも効果的な方法です。

また、恋愛に依存している人も、嫉妬心が強くなります。いつも好きな人のことが頭を離れない、そばにいてくれないと寂しくてたまらない——。恋をしているときにはありがちですが、これでは相手のちょっとした言動に振り回され、心が休まりません。

他に何か夢中になれるものを探しましょう。恋愛もそのうちの一つというぐらいのスタンスのほうが、嫉妬に悩まされなくてすみます。互いに精神的に自立していることが、恋愛を長続きさせるコツです。

嫉妬心は上手にコントロールすれば自分を成長させ、ほどよい緊張感を保つスパイスにもなります。

嫉妬は自己愛と恋愛依存なだけかも。自信を持ち自立できるよう自分磨きを。

# ヤキモチを上手に使って愛される

## 嫉妬を感じたらどうする？

彼が他の女性を
「いい人だね」と
ほめたとき。

**NG!**

「どうせ、私なんて性格悪いもんね」
「あんな人のどこがいいの」
「いい子ぶりっこしてるだけよ」

**相手をけなしたり、自分を**
**卑下したりすると、彼はうんざり。**

**GOOD!**

「本当にそうね。でも、ちょっとやけちゃうな」
「そうね。私のこともそんなふうにほめてくれればうれしいな」

**嫉妬をがまんすると、ストレスがたまる。**
**ちょこっと出すのがコツ。明るくすねたり**
**甘えたりすると、かえって彼は喜ぶ。**

恋愛の心理学
57

ダメンズをつかまないポイント

# ダメンズ・ウォーカーの思考を捨てよう

## きっと私のために立ち直ってくれると信じてる！

借金まみれだったりギャンブル好きだったり、定職がなかったり大ぼら吹きだったり……。世の中にはダメンズと言われる男性は山ほどいます。そして、なぜか、そんなダメ男ばかりに引っかかる女性も。

かつてはダメンズにつかまるのは、気が弱く、何事にも受け身で、自分に自信がないお人良し、と相場が決まっていました。でも最近は、バリバリ仕事をするしっかり者の女性まで、ダメンズの罠にかかるようになってしまったのです。こういう女性たちは、一様にがんばりやさんです。負けず嫌いで責任感も強く、困っている人を放っておけません。

そのため、「ダメンズだって、私が支えてあげればきっと立ち直るはず」と、ズルズルと泥沼にはまってしまうのです。自分の力でダメンズを更生させようなどと、甘いことを考えてはいけません。それこそ彼らの思うツボです。あなたが、がんばればがんばるほど、世話を焼けば焼くほど、ダメンズは増長し、ますますダメっぷりが進化していきます。

自分の父親がダメンズだった場合、無意識に同じようなタイプを選んでしまうこともあります。そういう父親の世話を焼く母親を見て育ったため、知らず知らずのうちに自分を重ねてしまうのです。「私だけが彼を理解できるの」「私が支えてあげないと、彼はダメになるわ」これこそ、典型的なダメンズ・ウォーカーの思考です。甘やかさないで、直ちに彼を放り出しましょう。

「私の力でダメ男も必ずまともに」は甘い考え。あなたの若さもお金も失うだけ。

# ダメ彼の「役に立つ」のが生きがい

## ダメンズ・ウォーカーの特徴10

1 いつも同じようなダメ男を好きになる。

2 「彼には私が必要」と信じている。

3 頼られることに喜びを感じる。

4 押しに弱い。

5 面倒見がよい。

6 彼のためにお金を使うのがいやではない。

7 身勝手なところも優柔不断なところも長所に見えてしまう。

8 運命の出会いがあると信じている。

9 「あなたって男を見る目がないわね」といつも友達に言われる。

10 「男運がないな」とため息をつくことがある。

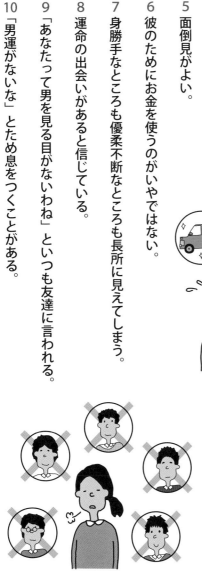

恋愛の心理学
**58**

不倫にのめりこむ人のポイント

# 自己承認欲求が強い人は注意しよう

## ドラマのような恋愛をしている私は特別な存在？

今は、不倫も珍しくなくなりました。「好きになった人がたまたま既婚者だっただけ」と開き直る人も多く、バレなければいいと考える人も増えてきました。

一般に、不倫にのめりこむ人は、自己承認欲求が強い人と言われています。「もっと自分をほめてほしい」「自分を特別な人間だと認めてほしい」という欲求が心の中に渦巻いているのです。たとえば、独身女性と職場の上司との不倫では、女性は人生経験豊かな男性に選ばれたと思い、一気に自分の価値が上がったような気分になります。奥さんより自分のほうが女として魅力的なんだという自信がわきあがり、舞いあがってしまうのです。

しかも、ロミオとジュリエット効果で、危険な恋ほど、許されない恋ほど燃えあがります。世帯じみたことは奥んにまかせて彼のいいとこどり、自分はドラマティックな恋愛に生きられるのです。つまり、不倫は非日常の世界と言えます。相手が奥さんと別れて自分と結婚してくれたらと夢想する人もいますが、それが現実のものとなったら世帯じみ、淡々とした日常が始まるだけです。

また、不倫をする人は寂しい人とも言われます。子どものころの家庭環境に問題があり、十分な愛情を受けられなかった人もいれば、今現在、自分に注目してくれる人がだれもいなくて寂しい人もいます。相手はだれでもいい、とにかく心の穴を埋めてほしいのです。

しかし、真の幸せをつかみたいのなら、不倫は断ち切ること。それしか道はありません。

**寂しさや自尊感情の低さに苦しむ人が、刹那的な愛を求めて不倫に走る。**

# 不倫のきっかけ、続けた年数

浮気・不倫経験のある既婚女性30〜49歳300名を対象に
浮気・不倫について聞いた。

## Q. 浮気や不倫のきっかけは?

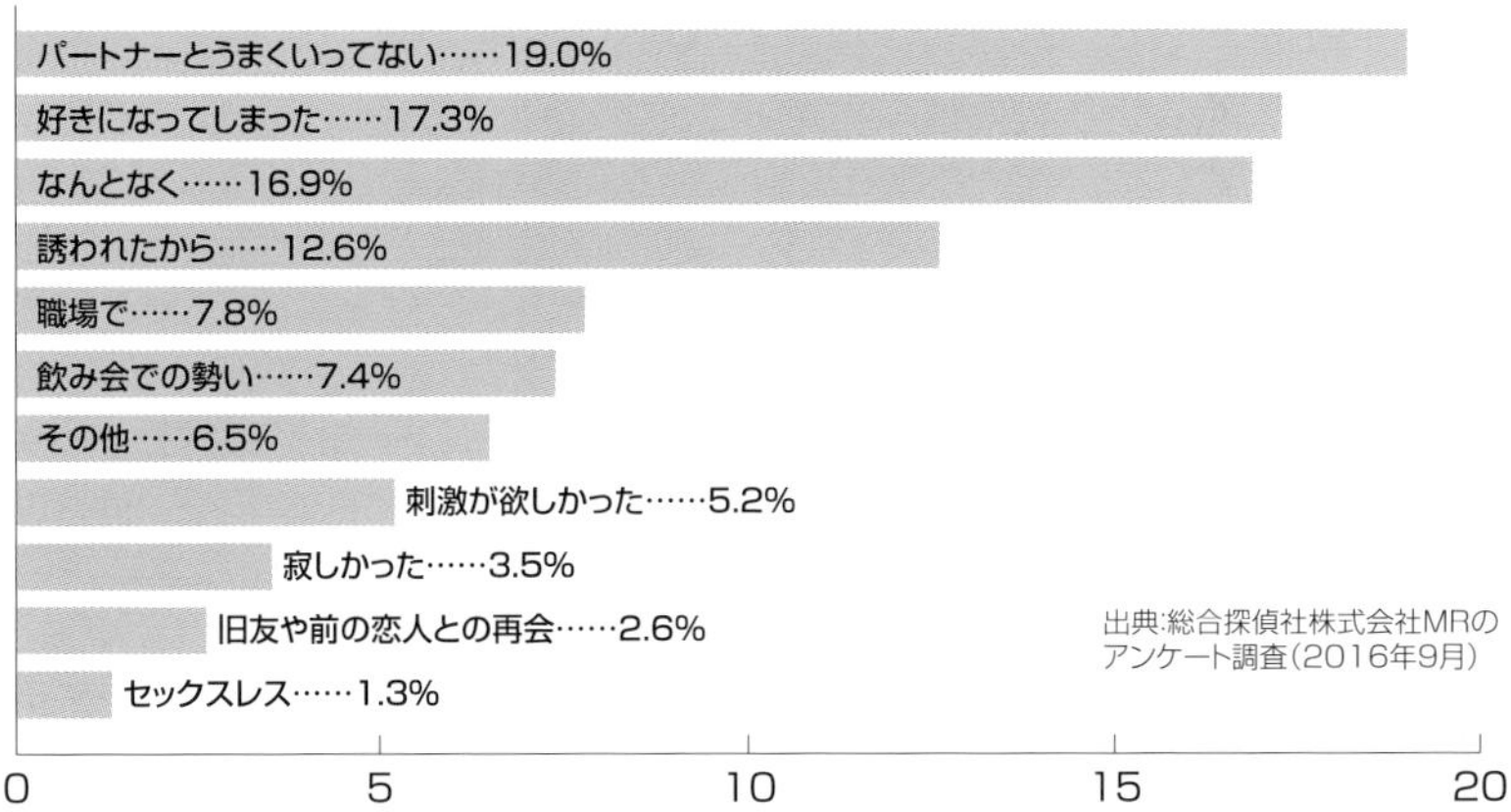
パートナーとうまくいってない……19.0%
好きになってしまった……17.3%
なんとなく……16.9%
誘われたから……12.6%
職場で……7.8%
飲み会での勢い……7.4%
その他……6.5%
刺激が欲しかった……5.2%
寂しかった……3.5%
旧友や前の恋人との再会……2.6%
セックスレス……1.3%
0
5
10
15
20

出典:総合探偵社株式会社MRの
アンケート調査(2016年9月)

不倫の経験がある既婚男女100名を対象に
浮気・不倫について聞いた

## Q. 不倫続けた年数は?

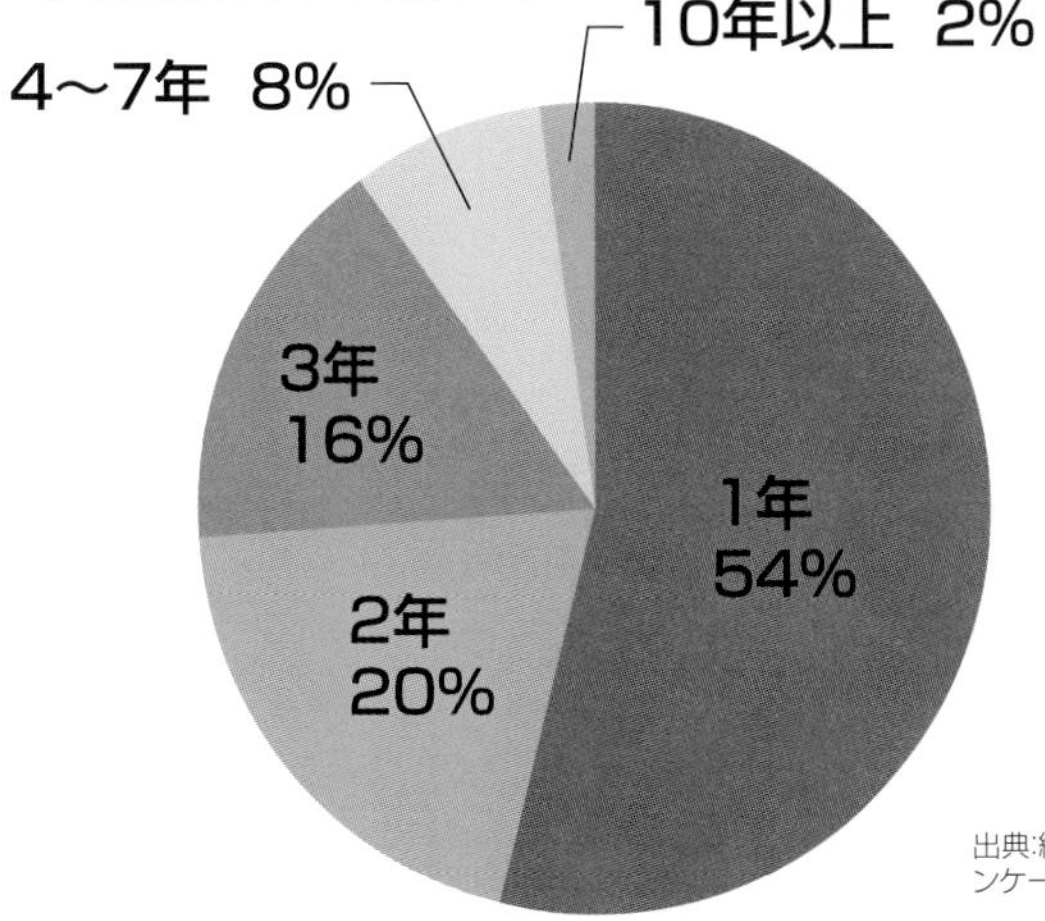
10年以上 2%
4〜7年 8%
3年
16%
1年
54%
2年
20%

出典:総合探偵社株式会社MRの
ンケート調査(2014年6月)

恋愛の心理学 59

ストーカー被害に遭わないポイント

# 極力接触を断ち、毅然とした態度を保とう

## 見知らぬ人より元カレ・元カノが多いのはなぜ？

ストーカーによる悲劇が後を絶たず、警察も事件が起きる前に対応してくれるようになりました。

女性に一方的につきまとう変態男、というイメージがあるかもしれませんが、実際のストーカーは、半数が元カレ・元カノです。被害を受けるのは20代の女性がもっとも多く、一人暮らしの人は特に注意が必要です。女性は別れたつもりでも、男性はまだ別れを受け入れていないのです。

ストーカーは、自分が相手を苦しめているとは微塵も思っていません。「自分は見捨てられた」「こんなに好きなのにわかってくれない」という被害者意識にどっぷりつかっています。なんとか彼女をもう一度振り向かせたい――。それで頭がいっぱいで、相手の気持ちなど考えません。自己愛と依存心が非常に強く、「彼女がいなければ自分は生きていけない」と信じ込んでいます。交際中からその傾向が見られ、そのために破局に至ることがほとんどですが、自分ではまったく気付きません。

一方、被害に遭った女性は、激しい不安や恐怖を感じます。常にだれかに見張られている感じがする、いつ目の前にあらわれるかわからない――。おびえる日々が続き、精神のバランスを崩してしまうこともあります。

ストーカーとは極力接触を断ち、1人で外出のときは、徒歩は避けて移動すること。ストーカーと直接話し合うのは絶対に避けてください。早めに家族に訴え、警察や弁護士、専門家などに保護を求めましょう。

極力接触を断ち、毅然とした態度を保ち、早めに専門家などに保護を求める。

# 恐ろしいストーカーの実際

## ●ストーカーと被害者の関係

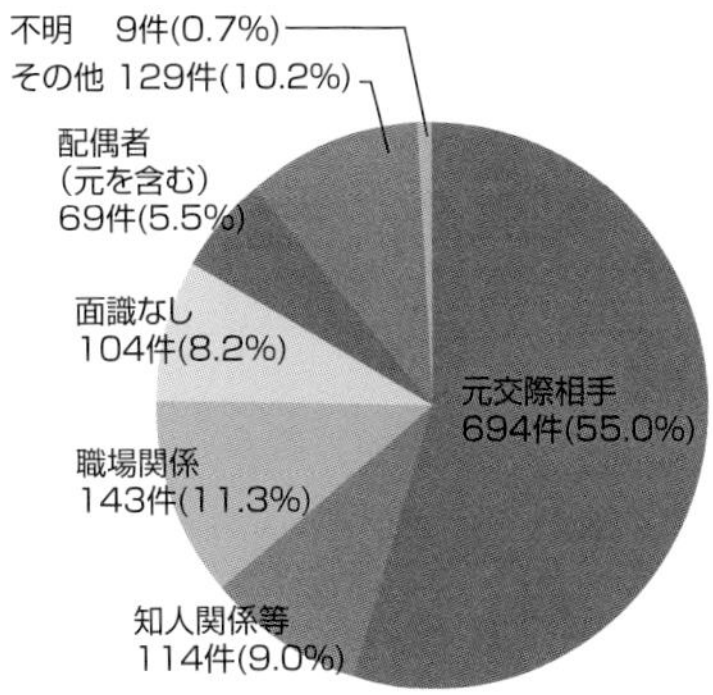


## ●ストーカーの行為

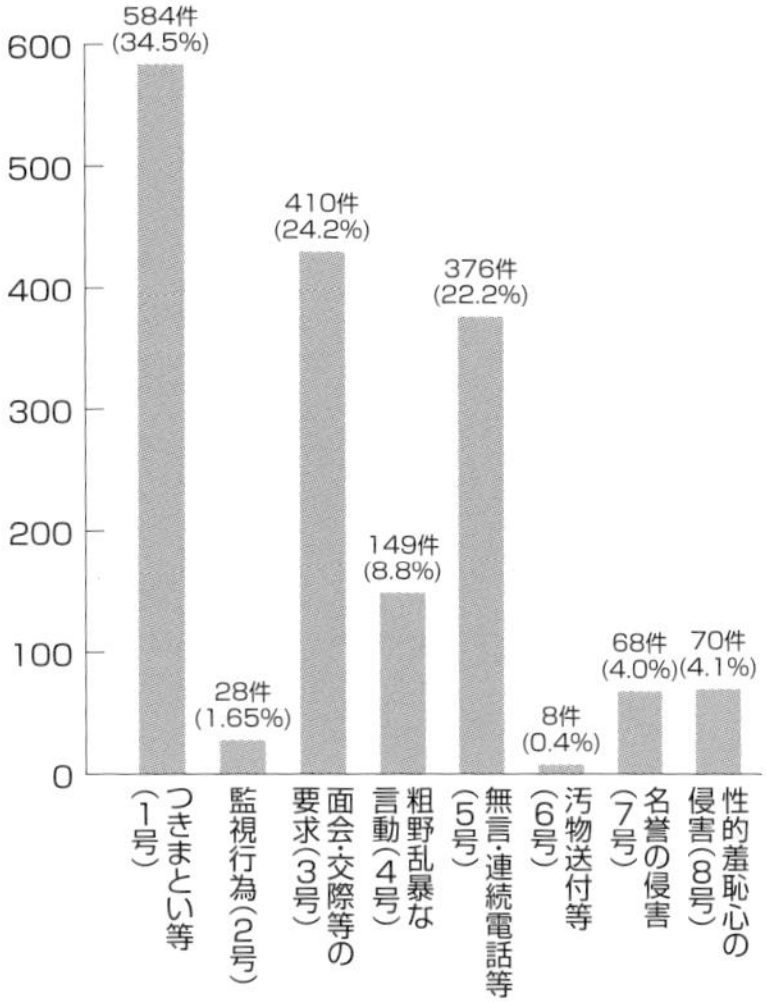


## ●ストーカー相談件数の推移

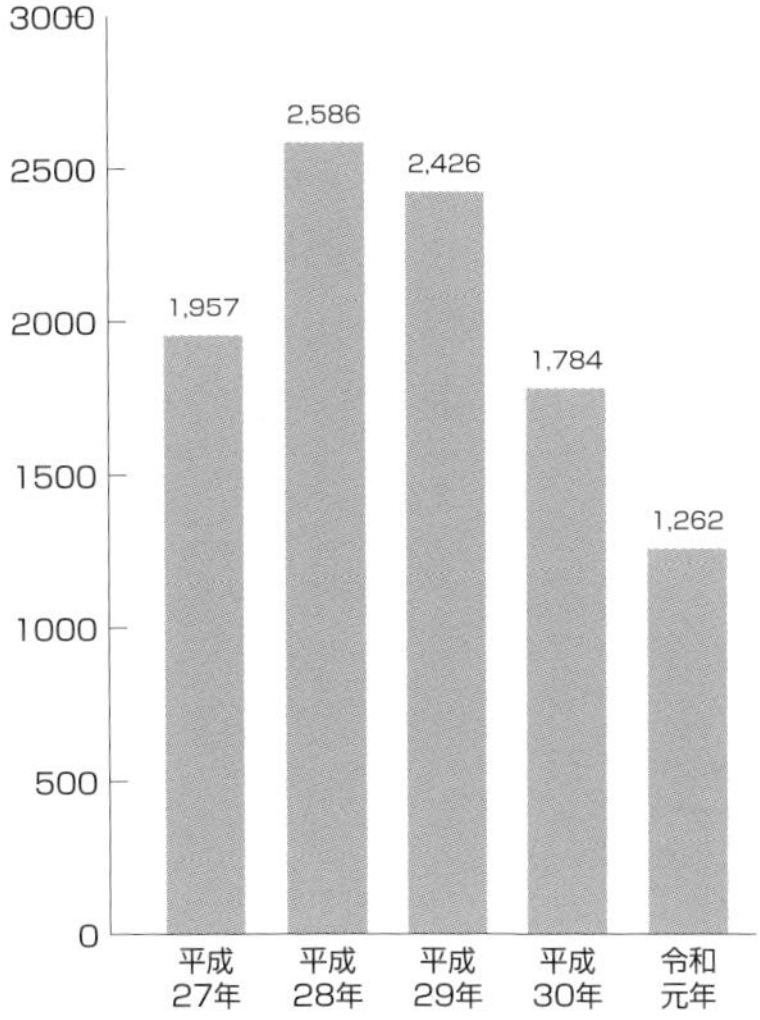


## ●ストーカーの年齢

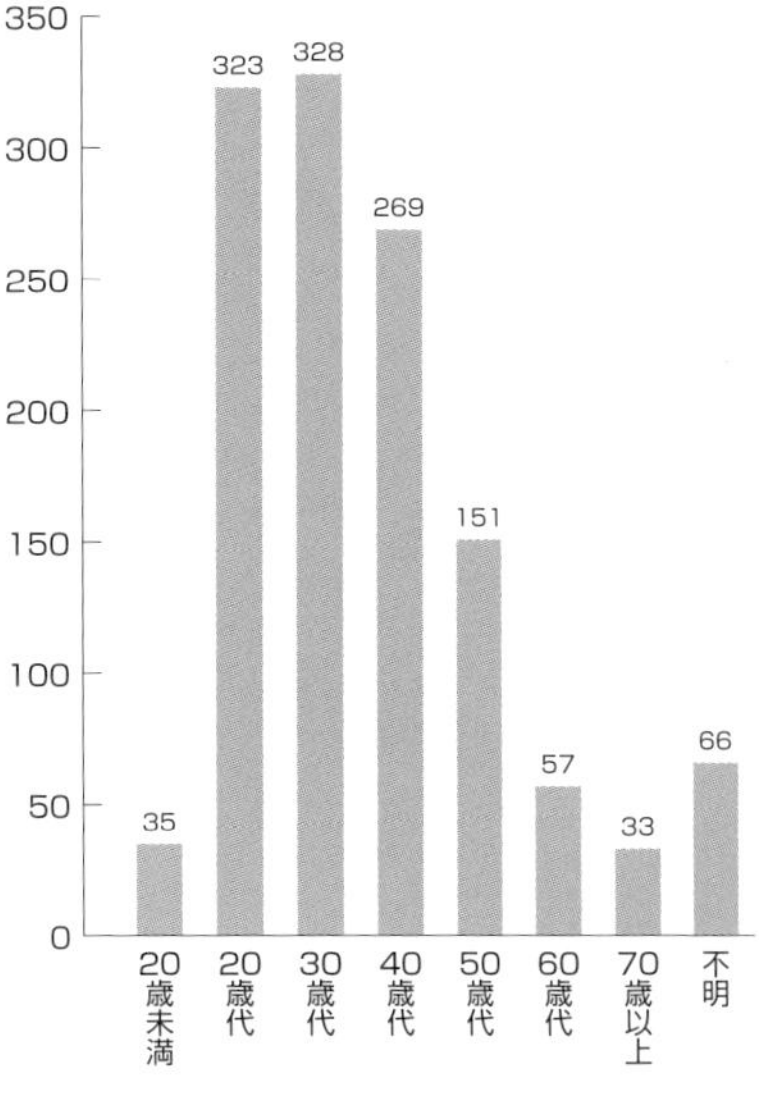


出典:警視庁ストーカー事案の概況(令和元年)

column

# ストーカーに多い人格障害とは？

人格障害（パーソナリティ障害）とは、考え方や行動が一般常識からかなりずれていて、そのために社会生活に支障をきたしたり、人間関係をうまく築けなくなるものです。

その程度にもよりますが、本人が苦しんでいる、あるいは周りを悩ませる状態に陥っているときは、この障害を疑ったほうがいいでしょう。

人格障害にはさまざまなタイプがあります。このうち、若者やストーカーに多く見られるのが、境界性パーソナリティ障害です。ボーダーラインとも言われ、自殺率が高いので注意が必要です。

この人たちは、感情が目まぐるしく変わり、ささいなことで泣きわめいたり怒ったりします。

孤独に耐えられず、見捨てられるのではないかと常におびえています。人格が未熟で非常に自己中心的なため、相手の立場に立ってものを考えることができません。

人格障害の原因はまだよくわかっていませんが、遺伝的な要因や生育環境、不適切な家族関係などによって人格にゆがみが生じ、なんらかのストレスを機に表面化するのではないか、と考えられています。

症状が重いときは、カウンセリングや精神療法など、専門家の治療が必要です。

# Part 3

# 仕事が
# スムーズにいく心理学

仕事の心理学
60

上司や先輩と上手につき合うポイント

# 賛同できる部分には素直に共感する

## 苦手でめんどうと思いがち。どうすればいい？

組織に入ると人づき合いは欠かせません。先輩や上司とうまくつき合い、できれば好かれて仕事を充実させていきたいとはだれしも思うこと。しかし、上司も人の子、相性もありますから好きな部下ばかりとは限りません。

最も嫌われるのは社会常識がない人です。きちんと挨拶ができない、遅刻が多い、言葉づかいが悪い、協調性がない、などは論外。逆に、意欲的で向上心がある、積極的に上司に話しかける、困難な仕事でも食らいついていく、よく指示を聞いて素直に従う、などが好かれます。

もっと上司や先輩にかわいがられたいと思ったら、「態度の類似性」を利用するといいでしょう。

人間は、自分の意見に賛同してくれる人に好意を持つものです。先輩や上司の意見がもっともだと思ったら、積極的に賛意を示しましょう。あなたへの好感度は確実にアップします。これは、主張的自己呈示の「取り入り」の1つです。ただし、なんでもかんでも同調していては、ゴマスリと思われますので、意見が異なるときは、それを誠実に伝えることも大切です。

また、人は自分に似た人に親近感を抱きます。同じチームのファンであるとか出身地が同じとか、何か共通点を見つけて、さりげなくアピールするといいでしょう。

なお、上司にお世辞を言ったりお歳暮を送ったりするのは、あまりおすすめできません。これらも取り入りですが、見透かされて逆効果になりがちです。仕事に真摯に取り組み、技術や対人能力などを磨くことが先決です。

**素直に共感を示し、積極的に、社会常識をきちんと。デキる部下になろう。**

# かわいい部下と思われるには

## 上司や先輩に好かれるのはこんな人

1 いつも明るく元気がよい。

2 きちんと挨拶できるし、身だしなみもよい。

3 仕事に夢を持っている。

4 上司や先輩を立てている。

5 積極的に提案したり、新たなことにチャレンジしようとしている。

## 上司や先輩に嫌われるのはこんな人

1 社会常識がない。

2 何度も同じ失敗を繰り返す。

3 責任感がなく、途中で仕事を放りだす。

4 コミュニケーション能力が低く、協調性がない。

5 ミスをしても非を認めず、グダグダ言い訳をする。

仕事の心理学 61

苦手な同僚とのつき合い方のポイント

# 問題解決に向けて協力し合う関係になろう

## イヤと思うとよけいに仕事に響きそう…

職場では、嫌いな人ともつき合わなければなりません。仕事の内容や互いの役割にもよりますが、つき合い方としては、大きく分けて3通りあります。

一つ目は、嫌いという感情をできるだけ取り除く努力をする方法です。意識的に話しかけるようにし、少しでもいいところを見つけてほめます。好意の返報性を利用するのです。また、飲み会では近くに座って自己開示をする、互いの類似点や共通点を見つけ出す、などの努力によって、友好的な関係に変えていくことは可能です。

二つ目は、できるだけ距離を置いて深くかかわらないようにする方法です。礼儀正しく接し、言葉づかいも丁寧にします。こうすることで、近接度を低くし、距離を保つのです。

三つ目は、対立する相手ではなく、いっしょに仕事をする同志と考える方法です。そのためには、共通の目標を設定するのが、もっとも効果的です。

まずはそれぞれ、今の自分の目標をリストアップします。そのリストを突き合わせて、共通する目標をピックアップし、それを2人の目標にするのです。

次に、その目標を達成するにはどうしたらいいか、アプローチの方法や課題の克服法について話し合います。

このようにすると、対立関係を、問題解決に向けて協力し合う関係へと、シフトできます。明確な目標であるほど、団結力が高まります。いつの間にか、嫌なあいつが、信頼できるあいつに変わっているかもしれません。

**苦手な同僚とも折り合うのは、自分の仕事をうまくやるための戦略！**

# 苦手と思わない、かかわらない

## 職場で感じているストレス

全国の20代から50代の女性を対象に、
働く女性の職場コミュニケーションに関して聞いた。

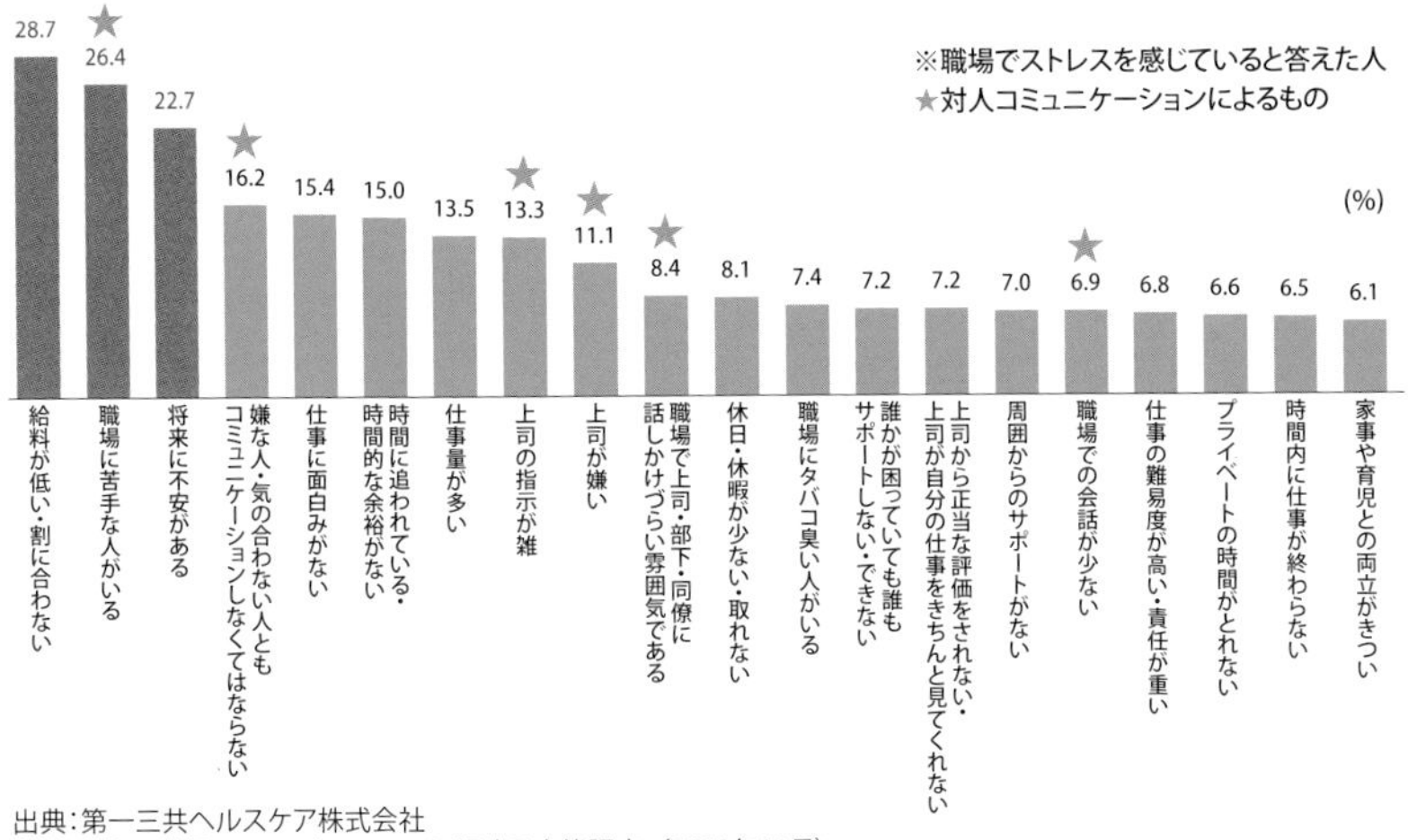
※職場でストレスを感じていると答えた人
★対人コミュニケーションによるもの
(%)
28.7 給料が低い・割に合わない
★ 26.4 職場に苦手な人がいる
22.7 将来に不安がある
★ 16.2 嫌な人・気の合わない人ともコミュニケーションしなくてはならない
15.4 仕事に面白みがない
15.0 時間に追われている・時間的な余裕がない
13.5 仕事量が多い
★ 13.3 上司の指示が雑
★ 11.1 上司が嫌い
★ 8.4 職場で上司・部下・同僚に話しかけづらい雰囲気である
8.1 休日・休暇が少ない・取れない
7.4 職場にタバコ臭い人がいる
7.2 誰かが困っていても誰もサポートしない・できない
7.2 上司から正当な評価をされない・上司が自分の仕事をきちんと見てくれない
7.0 周囲からのサポートがない
★ 6.9 職場での会話が少ない
6.8 仕事の難易度が高い・責任が重い
6.6 プライベートの時間がとれない
6.5 時間内に仕事が終わらない
6.1 家事や育児との両立がきつい

出典：第一三共ヘルスケア株式会社
「働く女性の職場コミュニケーションに関する実態調査」（2018年11月）

## 嫌いな同僚とのつきあい方

1 好きになるよう努力する。

2 距離を置いてできるだけかかわらない。

3 2人の目標を設定して、いっしょに達成する同志だと思うようにする。

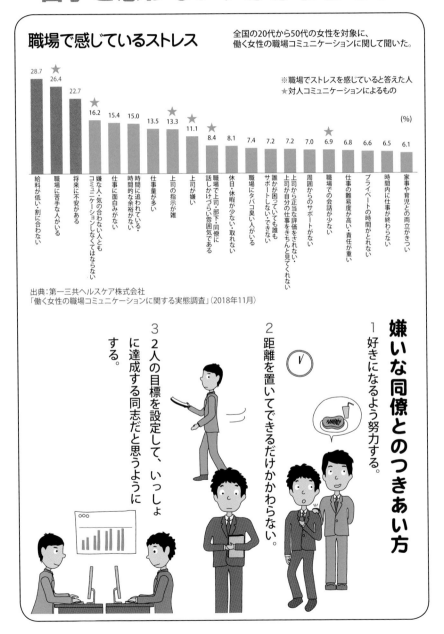

仕事の心理学62

部下や後輩をうまく育てるポイント

# 笑顔で心からほめて期待しよう

## ダメ出しや叱るだけでは伸びない？

部下や後輩を上手に育てると、仕事がスムーズにはかどり、あなたの評価もアップします。相手の性格や仕事の内容にもよりますので、どういう接し方がベストか、一概には言えません。しかし、基本的には、人を伸ばすには、ほめてやる気を引き出すのがもっとも効果的です。

否定したり叱ってばかりでは、相手はモチベーションを保てず、無気力になってしまいます。逆に、こちらが信頼して期待すると、相手もその期待に応えようと奮起して、良い結果を出すことが多いもの。これを「ピグマリオン効果」と言います。部下が成果を上げてくれればほめやすくなりますし、ほめられると自信がついて力が伸びるのは、大人も子どもも同じです。

ただし、効果的にほめないと、ただおだてているだけと思われてしまいます。どこをほめればいいのか、何をほめればいいのか、日ごろからしっかり観察しておく必要があります。

ほめるときは、心をこめてほめること。言葉ではほめていても、表情がかたかったり、テンションが低かったりすると、相手に伝わりません。「本当によくやってくれたね！」「君がいてくれて助かったよ」などと、短い言葉でもいいですから、笑顔で張りのある声で、感情をこめてほめてください。結果だけを見るのではなく、プロセスでの努力も、積極的にほめるようにしましょう。

こうして、部下や後輩との信頼関係が深まっていくと、あなたへの忠誠心もいっそう強くなるでしょう。

叱ってばかりは逆効果。笑顔で心からほめて期待して、モチベーションアップに。

# ほめて認めて、やる気を引き出す

## 部下や後輩を育てるコツ

1 できるだけ信頼して仕事をまかせる。

2 その日の気分や感情で相手を評価しない。

3 分け隔てなく接するようにし、相手によって態度を変えない。

4 日ごろから部下や後輩をよく観察し、長所を見出しておく。

5 日ごろから、よくコミュニケーションをとるように心がける。

6 努力していたり、意欲的に取り組んでいるときは、積極的にほめる。

7 タイミング良く、心をこめてほめる。

8 結果だけではなく、プロセスも注視してほめる。

9 部下の失敗はかばってやる。

10 叱るときは感情的にならずに、具体的に問題点を指摘する。

仕事の心理学 63

リーダーシップの四つのタイプ

# 理想のチームを作れるリーダーになろう

## 理想的なリーダーとは？　どうすればなれる？

メンバーを統率し、鼓舞して引っ張っていくのはリーダーの役目です。リーダーとして必要な資質とは、どのようなものなのでしょうか？

社会心理学者の三隅二不二《じふじ》氏は、リーダーシップには目的達成機能（Performance function／Ｐ機能）と集団維持機能（Maintenance function／Ｍ機能）の二つの側面があると、ＰＭ理論を提唱しました。

Ｐ機能とは、集団の目標を設定し計画を立て、メンバーに的確な指示を与え、叱咤激励して生産性を高める能力を指します。Ｍ機能とは、集団内に友好的な雰囲気を作り、チームワークを強化・維持する能力を指します。

これらの能力をどれだけ持ち合わせているかによって、リーダーは次の四つのタイプに分けられます。

①ＰＭ型　どちらの能力も高い、理想的なリーダー。
②Ｐ型　メンバーの結束より、生産性を重視するタイプ。
③Ｍ型　生産性よりチームの和を重視するタイプ。
④ｐｍ型　成果も上げられず、チームの融和も図れない、リーダー失格タイプ。

メンバーの満足度は、ＰＭ型、Ｍ型、Ｐ型、ｐｍ型の順に高いとされています。ＰＭ型リーダーになるのが理想ですが、現実にはなかなか難しいものがあります。

状況によって、ＰとＭのバランスを取りながら、進んでいったほうがいいでしょう。プロジェクトが始まるときはＰ機能をフルに発揮し、ある程度軌道に乗ったらＭ機能も充実させる、という具合に、柔軟に考えましょう。

**チームの結束も生産性も高いリーダーが理想的。状況でＰＭ戦略を使い分けよう。**

# 理想のリーダーに求められる能力は

## 理想のリーダーとは？

**P機能**　チームの目標を達成する能力
**M機能**　チームの人間関係を良好に保つ能力

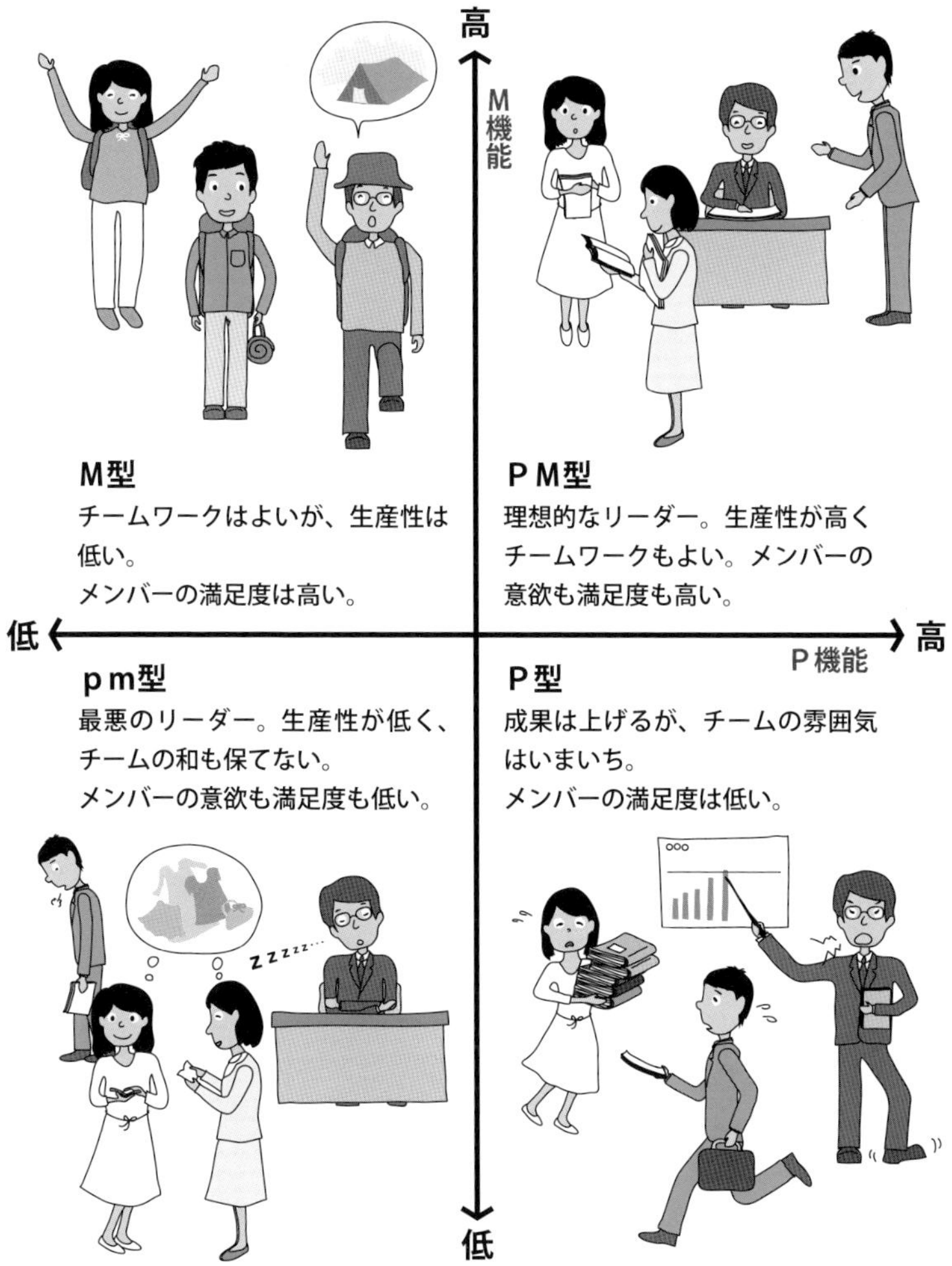
高
M機能
低
低
高
P機能
M型
チームワークはよいが、生産性は低い。
メンバーの満足度は高い。
PM型
理想的なリーダー。生産性が高くチームワークもよい。メンバーの意欲も満足度も高い。
pm型
最悪のリーダー。生産性が低く、チームの和も保てない。
メンバーの意欲も満足度も低い。
P型
成果は上げるが、チームの雰囲気はいまいち。
メンバーの満足度は低い。
zzzz…
○○○

仕事の心理学 64

# 座り方のそれぞれの効果を知ろう

会議・打ち合わせで効果を上げる座り方のポイント

## どこに座るとより良い結果につながりますか？

会議や打ち合わせでは、座る位置によってより効果がアップします。また関係性や心理状態もわかります。

たとえば、取引先の担当者と2人で会議室で打ち合わせをするとき、座り方はおおむね下図の4通りです。

①は、打ち合わせ向きと言えます。適度な距離を保て、視線を合わせやすく相手の話も聞き取りやすい座り方です。友好的に話し合いたいときに適しています。

②は、最も一般的な座り方です。議論や説得したいときなど、相手の顔をしっかり見て話したいときに適します。

③は、いちばん互いの距離が近くなる座り方です。相手があなたに親近感を持っているしるしです。いっしょに何か作業をするときに適しています。

④は、相手とあまり親しくないときや感情的な対立を避

2人で打ち合わせをするとき

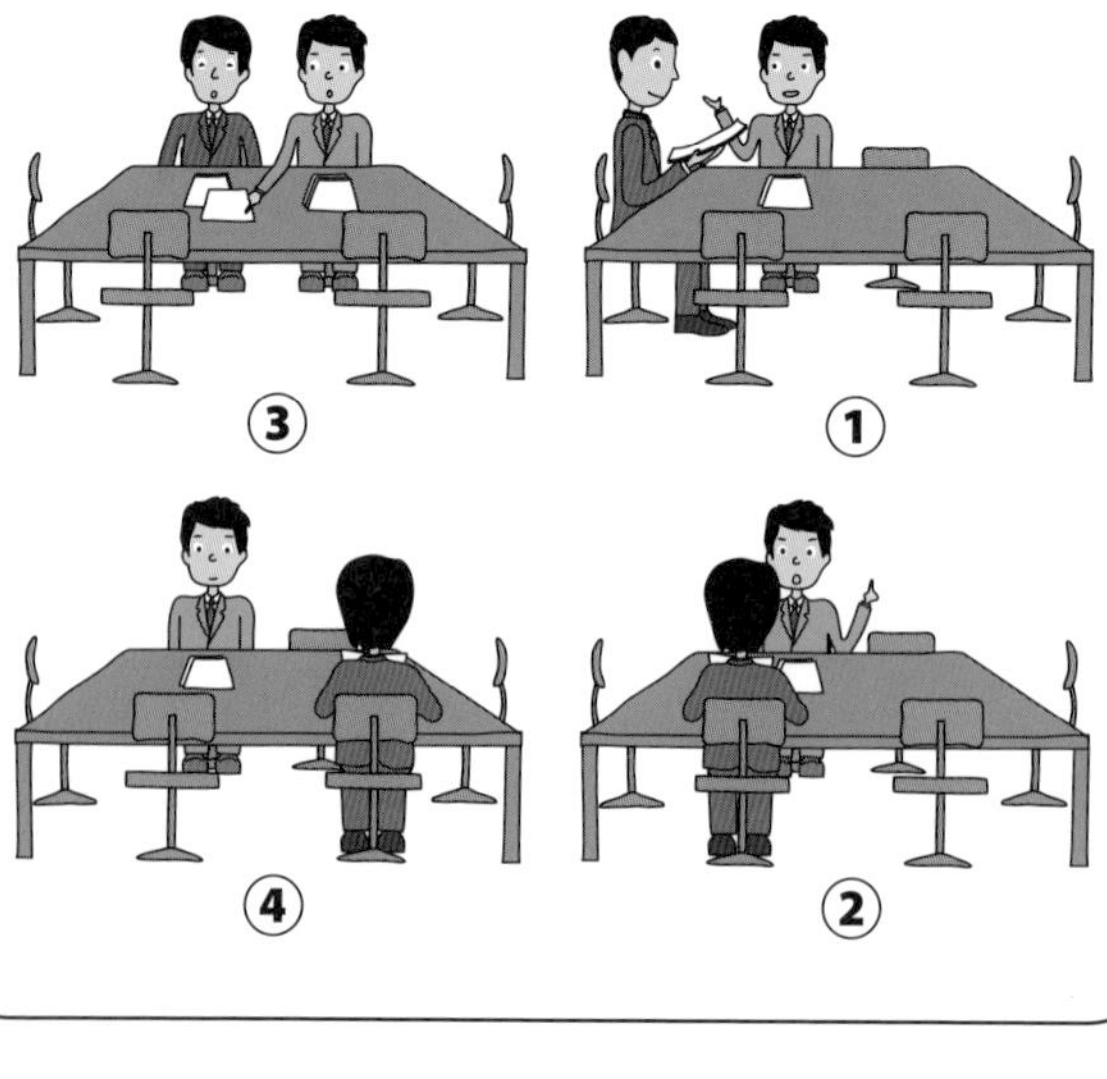

けたいときに選ばれます。緊張をやわらげる効果があり、2人で打ち合わせをするとき、クレーム対応にも適しています。

複数の人と会議するときはどうでしょうか。一般には、下図の①③⑤は「リーダーの席」と言われています。リーダーシップを発揮したい人は、無意識にこの席を選びます。全員の顔を見渡すのに好都合ですね。

同じリーダーでも、①と⑤の席を好む人は主導権を握ってぐんぐん会議を引っ張っていくタイプ、③を好む人は、参加者との人間関係を重視するタイプと言われています。会議に消極的な人や、あまり発言したくない人は、②と④を選びがちです。

また、円形のテーブルは席の優劣がないので、リーダーシップを発揮しにくいと言われています。しかし、そのぶん、全員が平等に意見を述べやすいというメリットがあります。各自のアイディアを自由に出し合う、ブレーンストーミングなどに適しています。

効果が上がる座り方を知ろう。無意識の本音やタイプも見抜ける。

## 複数で会議をするとき

仕事の心理学65

会議をうまくリードするポイント

# 自分の賛同者を自分の正面に座らせよう

## 思いどおりに会議を進めるには？

アメリカの心理学者スティンザーは、会議中の小集団を観察した結果、スティンザー効果と言われる次の３つの法則を発見しました。

①対立する相手は正面に座ろうとする。

②ある発言が終わった直後に出る意見は、反対意見であることが多い。

③議長のリーダーシップが強いときは隣の人と、弱いときは正面の人との私語が増える。

あなたの思いどおりに会議を進めたいと思ったら、あなたの意見に同調してくれる人を、事前に根回しして自分の正面に座らせておきましょう。対立する人にそこに座られてしまうと、必要以上に激しい論争になる恐れがあります。

さらに、あなたが意見を述べた直後に、続けて賛成意見が出ることが大切なので、間髪を置かず賛同してほしいと頼んでおきましょう。これによって、反論しようと待ち構えている人の出鼻をくじき、賛成の流れを作ってしまうのです。

発言のタイミングについては、いつがベストと一概には言えません。一般には、出席者の会議への関心が高いときは、意見がおおむね出そろった後に発言するのが効果的とされています。これを「クライマックス効果」と言います。一方、会議への関心が低いときは、「プレ・クライマックス効果」といって、始まってすぐに発言すると、自分の思う方向に引っ張っていけます。

事前の根回しが大切。座る場所、発言の順番、言いどきにも心理学的コツがある。

# 会議をコントロールするコツ

## 会議で自分の意見を通したいとき

1 リーダーシップを発揮しやすいように、テーブルは長方形にする。

←

2 事前にだれかに協力を頼み、あなたの正面に座ってもらう。反対意見の人が正面に座ると、対立感情が激しくなってしまう。

←

3 参加者に好ましい印象を与えるように振る舞う。私語をしたり、他人の意見をさえぎったりしない。

←

4 あなたが意見を述べた直後に、賛意を示してもらう。続けざまに賛成意見が出ると、あなたの意見が強化されるうえ、反対者は発言のタイミングを失う。

## 発言のタイミング

### クライマックス効果

最後に発言する。

会議への関心が高いときに有効。さまざまな意見が出て関心がピークに達した、まさにクライマックスに発言することにより、印象が強くなって、受け入れられやすい。

### プレ・クライマックス効果

最初に発言する。

会議への関心が低いときに有効。まだ会議が始まったばかりでみんなが緊張しているときに述べることにより、あなたの思う方向に誘導できる。みんなの注意力が散漫になってからでは、何を述べても効果が薄い。

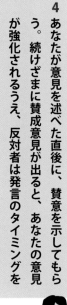

仕事の心理学 66

メンバーにやる気を起こしてもらうポイント

# みんなの前で目標を発表させよう

## モチベーションをかきたてる手はありますか？

みんなで協力してプロジェクトを遂行しなければならないのに、チーム内に目立って動きが鈍い人がいたらどうしますか？ また、あなた自身が、どうしてもその仕事に乗り気になれないこともあるかもしれません。

こんなときに効果的なのが、パブリック・コミットメントです。これは、約束とか誓約という意味で、人前で「私は○○します」と発表すると、それを実現しなければという心理が働き、実際に行動を起こす確率が高くなるというものです。

心理学者レヴィンは、肉不足だった第二次世界大戦中、ふだんはあまり食べない牛の臓物（レバーなど）の消費を促すため、こんな実験を行いました。

一つのグループは「栄養学の専門家による講演会」に参加して、臓物の料理法などを聞きました。もう一つのグループは、臓物料理を作るメリットについて討議し、最後に1人ずつ、自分が考えた臓物料理のメニューを発表しました。その後の調査で、臓物料理を食卓に並べる頻度は、後者のほうが高かったことがわかったのです。

一部の政治家のように、公約を反故にしても平気な人種もいますが、ふつうは、人前で宣言すると、その言葉に責任を持たなくてはと思うものです。

ですから、仕事に真面目に取り組ませるには、みんなの前で目標を発表させます。全員に発表させる形をとるのもいいでしょう。あなた自身が意欲に欠けるときも同様です。有言実行を心がけてください。

**人前で宣言すると「実現しなくては、責任を持たなくては」となる心理を利用する。**

# みんなの前で目標を発表させる

## レヴィンの実験

目的：肉不足を補うため、臓物（レバーなど）の消費を促す。

A グループ

**臓物料理についての講演を聞く。**

↓

**聞いただけなので、実際に作るところまでモチベーションが高まらなかった。**

B グループ

**自ら考案した臓物料理のメニューをみんなの前で発表。**

↓

**発表した以上はきちんと作らねば！**

↓

**臓物料理が食卓にのぼるようになった。**

結論

**「みんながんばってるんだから、君も協力してよ」とやんわり促したり、「１人だけふらふら何やってんだ！」などと叱りつけたりするより、みんなの前で自分の考えを発表させたほうが効果的。**
**言ってしまった手前、引っ込みがつかない。**
**この心理を利用しよう！**

仕事の心理学 67

# ぶれずに粘り強く確信を持って説得しよう

たとえ一人でも組織を動かすポイント

## 少数派でも組織を動かす方法はありますか?

たいていの場合物事は、多数派の意見によって動いていきます。しかし少数派でも、場合によっては1人でも、みんなの意識を変える、動かすことが可能です。

心理学者モスコビッチは次のような実験をして、それを証明しました。被験者に青色のスライドを提示し、何色に見えるか聞いたのです。当然、青色という回答になるはずなのですが、2人のサクラが一貫して緑色と答えたため、32％もの被験者がその意見に引きずられてしまいました。このように、相対的に少数であっても確信に満ちた態度で言い続けると、影響を与えられるのです。

これをマイノリティ・インフルエンスと言い、ホランダーの方略とモスコビッチの方略とに分けられます。

前者は、その集団のリーダー的な存在の人が、豊富な実績や知識に基づいて、メンバーを説得していくもの。後者は、権力も実績もない者が、確固たる信念を持って粘り強く説得し、変革していくものです。もし、あなたが新米社員でなんの権限もなくても、根気よく主張し続ければあなたの意見が通ることもある、というわけです。

ただし、それには条件があります。まず多数派が不安定であること。多数派の意見が強固で結束している場合は、少数の意見でくつがえすのは困難です。また、ぶれないで一貫して同じことを言い続けることが大切です。

行き詰った仕事の突破口が見つかったり、安易な流れに歯止めがかかったり、マイノリティ・インフルエンスによって組織が活性化することはしばしばあります。

**ぶれずに粘り強く確信を持って説得する。多数派が不安定なら突破口が開ける。**

# ぶれずに一貫して言い続けること

## 少数でも多数を動かせる マイノリティ・インフルエンス

### ホランダーの方略

**上からの変革**

実績も知識も豊富な、組織の中心的人物が集団を説得して、理解と承認を得ていくこと。

### モスコビッチの方略

**下からの変革**

実績も権力も持たない人が、積極的に自分の意見を発信し続け、多数派の意見を変えていくこと。

### マイノリティ・インフルエンスを起こす条件

1 **多数派が不安定であること。**
多数派が一致団結していると、切り崩しは困難。

2 **熱意を込めて繰り返し同じ主張をすること。**
一貫して言い続けることで信頼性が増す。少数派が何人かいる場合は、全員の意見を一致させておく。

3 **主張の内容が論理的で、納得できること。**
主張の内容が説得力のないものだと、ただ頑固に言い張っているだけになってしまう。

仕事の心理学
68

相手を説得する際のポイント

# 態度や話し方、声の調子も意識して話そう

## どうすれば相手を説得できるのでしょうか

たとえば商談において、何かを説得するためには、相手に話の内容を正しく理解してもらい、納得のうえで提案を受け入れてもらうことが大切です。

そのためには、自分自身が提案の内容を十分に理解しておく必要があります。自分がよくわかっていないことを、わかりやすく説明するのは不可能ですから。

さらに、相手の立場や状況、相互の関係などをきちんと把握して、何を強調するのが効果的か、どのように提示すれば理解しやすいかを考えます。

説得では、理論と感情の両面からのアプローチが不可欠です。相手にとってどんなメリットがあるのか、はっきりイメージできるように話しましょう。

内容が抽象的なら具体例やたとえ話を入れる、話の信頼性を増すためにデータやグラフを示す、他の顧客の声を紹介するなど、相手の視点に立って、わかりやすい説明を心がけてください。

また一方的に話すのではなく、相手の言い分や反論にもしっかり耳を傾けましょう。強引に説き伏せようとしたり、結論を押し付けてはいけません。

最終的に、説得の成否を分けるのは、あなたとの信頼関係です。あなたが誠実に、双方の利益を考えて提案していると相手が思えば、商談はまとまるでしょう。

逆に、自分の利益だけを考える信頼できない人と認定されたら、どんなに熱弁をふるっても拒否されてしまいます。好感を与える態度や話し方、明るい声も必須です。

自分にでなく相手にとってメリットのある提案、説得になっているか自問してみよう。

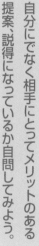

# 相手の利益になる提案なら成功する

## 説得の基本

**相手から信頼されることが何より大切。**

1 説き伏せるのではなく、相手に納得してもらうことを心がける。

2 話の内容をよく理解しておく。

3 相手の利益になることだから提案している、という姿勢を示す。

4 相手に好印象を与える態度や話し方を心がける。

5 相手を立て、相手の話にしっかり耳を傾ける。

6 相手の視点に立って、わかりやすい説明を心がける。

・やさしい比喩やたとえ話を入れる。

・具体例を示す。

・図や写真などを見せる。

・数値やデータを示す。

・他の顧客の声を紹介する。

7 結論を急がせたり、押し付けたりしない。

8 相手が納得して自ら結論を出すように導く。

9 判断が難しいようなら一気に話を決めようとせずに、日を置いて、段階を踏んで説得する。

10 話が行き詰まったら、無理せずいったん退く。

仕事の心理学 69

相手に要求を受け入れてもらうポイント1

# 段階的に要求レベルをあげていこう

## 要求を受け入れてもらう秘訣は？

説得の代表的なテクニックに、「フット・イン・ザ・ドア・テクニック（foot in the door technique）」があります。片足を隙間に差し込んでドアを閉めさせないようにすればこっちのもの、というセールステクニックに由来しています。「話だけでも聞いてください」と言われてうっかりＯＫしたら、セールストークに乗せられて、断りきれずに買うはめになりがちです。

なぜなら、人間には、自分の言動や態度などを一貫したものにしたい、という欲求があるからです。この心理を「一貫性の原理」と言います。

フット・イン・ザ・ドア・テクニックは、この欲求を利用した説得のテクニックです。最初に小さな要求をして、相手がそれを受け入れたら、本命の要求を切り出します。いったんＯＫしたら、次の要求も断りにくい、という相手の心理につけこむわけです。

アメリカの心理学者スティンプソンらは、女子大生を対象に、次のような実験を行いました。

①「環境問題に関するアンケートに答えてくれませんか？」と依頼。

②「環境浄化に協力してください。ある場所に苗木を植えてくれませんか？」と依頼。

いきなり②の「苗木を植えてほしい」と頼んだ場合は大半の人が断ったのに、①をＯＫしてくれた人に②を頼んだ場合は、約80％の人が承諾しました。小さい要求を受け入れると、次の要求も受け入れやすくなるのです。

**簡単な要求から始め、段階的に要求レベルを上げていくと成功の確率が高くなる。**

# 「簡単な要求から始める」テク

## フット・イン・ザ・ドア・テクニック

### 「一貫性の原理」

**人間には一貫した行動を取りたいという欲求がある。**
**ころころ態度が変わるいいかげんなやつと、他人に思われたくないのである。**

この心理を利用して、まずは相手が受け入れやすい簡単な要求をする。

↓

ＯＫしてくれたら、本命の要求を切り出す。

↓

最初にＯＫしたので、「一貫性の原理」が働いて断りにくくなり、次の要求も受け入れてしまう。

↓

最初は小さな契約でも、一つ、二つと重ねていくうちに相手の警戒感が薄れ、信頼関係も生まれて、大きな契約へと結びつく。
段階的に攻めてみよう！

**フット・イン・ザ・ドア・テクニックを利用した主な販売方法**

**試食　試供品　無料モニター募集　試乗　試着**

お試しを受け入れたことにより、断りにくくなって買うはめになる。

仕事の心理学 70

相手に要求を受け入れてもらうポイント2

# 相手の罪悪感を利用しよう

## 相手のどこをつくのが効果的ですか？

「フット・イン・ザ・ドア・テクニック」の逆が「ドア・イン・ザ・フェイス・テクニック（door in the face technique）」です。最初にわざと大きな要求をして、相手が断ったら、すかさずそれより小さな、実は本命の要求をするのです。

最初の依頼を断ったことによって、相手には多少罪悪感が生まれます。また、相手からするとこちらが譲歩したように見えるので、「自分も譲歩しなくては」という心理が働き、引き受けてしまうのです。

たとえば仲のいい同僚に「今月は金欠になっちゃって、悪いけど1万円貸してくれない？」と頼まれたとしましょう。「いや、ぼくも今キビシイからごめんね」とあなたが断ると、「じゃあ、2千円だけ貸してくれない？」。

こうなると、断りにくいですね。最初に断ったことによる罪悪感に加え、2千円にまで減額してくれたのに、それでもいやとは心情的に言いにくくなります。

これと同じようなことは、営業活動ではよく行われています。見積もり額を出したとき、顧客に「もう少しなんとか」と言われると、「これで精いっぱいです」などと言いながら値引きをしてみせます。

顧客の要望に応えて、営業マンが譲歩したように見えますが、実は最初から織り込み済みで、引き下げた金額が本当の見積もり額、本当の要求なのです。

間が空くと別個の要求と認識され、罪悪感を利用できなくなるので、2つめの要求はすかさず出しましょう。

**一度断らせて、相手の罪悪感を利用すると、本当の要求が通りやすくなる。**

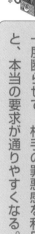

# 「大きな要求」から始めるテク

## ドア・イン・ザ・フェイス・テクニック

### アメリカの心理学者チャルディーニの実験

大学生にこんな依頼をした。

1 これから2年間、毎週2時間ずつカウンセリングプログラムに参加してもらえないか?

2 これから子どもたちを動物園につれていくのだが、2時間だけ手伝ってくれないか?

↓

ほとんどの学生が**1**の依頼を断った。
断った学生に**2**の依頼をすると、約半分が引き受けてくれた。
しかし、いきなり**2**を依頼した場合は、2割弱しか引き受けてくれなかった。

引き受けた学生の心理

**1**の依頼はあまりにも面倒くさい。
そう思って断ったが、「悪かったかな」とちょっと罪悪感。

↓

そこへすかさず**2**の依頼。
**1**の2年間に比べたらたった2時間だけだし、「それぐらいならまあいいか」と承諾。

**人間には「返報性の原理」がある。**
**好意には好意。**
**笑顔には笑顔。**
**譲歩には譲歩を返したくなるのである!**

仕事の心理学71

商品を売り込むポイント1

# デメリットもきちんと示そう

## 利点ばかり挙げているのに契約がもらえません…

あなたが何かを買おうとしたとき、店員さんにその商品の長所ばかり挙げられたら、どうでしょうか。たとえばA店員は「この洗濯機はコンパクトで音が静かだし、乾燥機能もついていてとても便利ですよ」と勧めました。B店員は「乾燥時間が他社のものより5分ほど長くかかりますが、そのぶん洗濯物が縮んだり傷んだりしません。コンパクトで音も静かでとても便利ですよ」と勧めました。どちらの店員をあなたは信じるでしょうか。

A店員のように、長所だけを示すのを一面提示、B店員のように、メリットもデメリットも両方示すのを両面提示と言います。

一般には、両面提示のほうが説得効果が高いと言われています。よいことばかり言われると、そんなにうまい話があるわけないと、どうしても疑ってしまうからです。特に経験豊富な人、教育レベルの高い人ほど、デメリットもきちんと示さないと納得しない傾向があります。

ただし、その製品を買おうとほとんど決めている人には、一面提示が有効です。背中を押してほしいのですから、そこでデメリットを告げると決心が揺らぐおそれがあります。あなたがデパートで好みのジャケットを見つけ、買いたいけれど踏ん切りがつかないとき、「すごくお似合いですよ」と一言店員さんがほめてくれると、決心がつきますね。これと同じです。

このように、状況や相手の心理状態によって上手に使い分けると、説得力を高めることができます。

**デメリットをきちんと伝えると信用され、クレームも減る。メリットの価値も伝わる。**

# デメリットも伝えると信頼される

## 一面提示と両面提示

### 一面提示

メリットだけを伝える。

ほとんど購入を決めている人、対象に対する知識や経験が乏しい人、対象に対する関心が低い人、教育レベルの低い人、などに有効。

### 両面提示

メリットもデメリットも両方伝える。

誠実で正直な印象を与えられる。デメリットも伝えているので、その部分に対するクレームが少なくてすむ。知識や経験が豊富な人、教育レベルが高い人、購入する気持ちが薄い人、などに有効。

### 両面提示のポイント

**両面提示する場合は、デメリットを先に言ってからメリットを説明することが大切。最後にデメリットを告げると、その印象が強く残ってしまう。**

**例**

**1**「この家電はスタイリッシュでお手入れも簡単ですが、少し値段が高いです」

**2**「この家電は少し値段は高いですが、そのぶんスタイリッシュでお手入れも簡単です」

**1**は値段が高いことが強調されてしまう。

**2**だと、値段が高くても、高いなりの理由があると納得できる。

仕事の心理学 72

商品を売り込むポイント2

# 「得をしたい」という心理をつこう

## 買わないと損するような気持ちにつられて…

だれでも得をしたい気持ちを持っています。バーゲンや○%オフに人が群がるのも、その心理が働くからですね。それが必要ではなくても、安くなっているのだから、買わないと損するような気持ちになってしまうのです。

「限定○名様」「先着○名様」「今だけ○割引」「本日限り」という広告もよく見かけます。こう言われると、早く買わなくちゃという気分になりがちです。

でも、冷静に考えてみると、本当にそれは欲しかったものですか？　人より得をしたいと思う気持ちが先走って、つい買ってしまったのでは？　みんなが欲しがっているように見えるから、自分も欲しいと思い込んでしまっただけではないでしょうか。

このように、深く考えることもなく他人の行動に合わせてしまう現象を、同調行動と呼んでいます。

この心理を利用する販売戦略は実に多いものです。実演販売や「先着○名様に記念品プレゼント」などもそうですね。人だかりができていると、何かいいことがあるのかな、とのぞいてみたくなる心理を巧みに利用しているのです。

販売する側としては、この、消費者の得をしたい心理をいかにつくか、が知恵の絞りどころです。

ただし、これらの方法で説得に成功したとしても、消費者は十分に納得して買ったわけではないので、気が変わりやすい、というデメリットがあります。何かのエサで釣れば良い、というような安易な姿勢は禁物です。

「得することなら乗り遅れたくない」心理に、つけ込む販売戦略はたくさんある。

# この心理をつけば交渉はうまくいく

## 説得するときは相手のこの心理をつこう！

（アメリカの社会心理学者チャルディーニの分類による）

### 1 返報性

相手に何かをしてもらうとお返しをしたくなる。
「何度も見積りを出してもらったから、
ここでＮＯと言ったら申し訳ないな」

### 2 コミットメントと一貫性

いったんイエスと言った以上、できるだけそれを維持したい。

「はじめにＯＫしちゃったし、今さらＮＯとは言えないな」

### 3 好意

相手が好感を持てる人だとイエスと言いたくなる。

「ハンサムだしすごくいい人だから、ＯＫしちゃお！」

### 4 権威

医者や教授、専門家などのお墨付きがあると、
信じこみやすい。
「有名な○○先生がいいって言ってるんだから、
間違いないよね」

### 5 希少性

数少ないものや手に入りにくいものは欲しくなる。

「この機会に買わなくっちゃ。どうしても欲しい！」

### 6 社会的証明

多くの人たちが取る行動を正しい行動と信じる。

「いっぱい売れているんだから、いいものに違いない」

仕事の心理学 73

相手の反発を回避するポイント

# 説得がしつこくならないようにしよう

## 熱心に説得すればするほど契約につながる？

熱心さはいいのですが、あまりにもしつこく言いすぎると、かえって相手の反発を招き、拒否されてしまいます。これを、心理学ではブーメラン効果（boomrang effect）と言います。主な要因として、

①心理的リアクタンス

人間には、自由に選択し、自分の意思で決定したいという欲求があります。押し付けがましい説得を受けると、この自由を奪われるような気持ちになるのです。そこで、「意地でも相手の言うとおりにするものか」という心境に陥り、かたくなに断ることになります。

②説得者への不信感

説得者の態度や意見に不信を抱くと、反発が大きくなります。また、相手が気に入らない場合も、勧められたこととは反対の行動を取ろうとします。

③自分の大切にしているものへの説得

自分の信念や価値観など、大切にしているものに批判的な説得は、自分への攻撃のように感じられ、受け入れまいとする気持ちが強く働きます。

ブーメラン効果は、説得する側とされる側の意見や立場が同じ場合も働きます。「買おう」と思っているときに、「買え、買え」としつこいと、買う気が失せてしまうのです。無理強いせずいったん引いて、時間を置いて再チャレンジしましょう。「スリーパー効果（sleeper effect）」といって、時間が経つにつれ、相手が冷静になり、その気になることもあります。

しつこく説得すると「指図するな」「価値観を否定するのか」と反発されることも。

# 反発や拒否はこういう心理から

## ブーメラン効果とは？

懸命に説得しようとすればするほど反発を招き、相手の意欲がなえてしまう。

←

意見や立場が違っても、同じでも、ブーメラン効果は働く。

←

「掃除したくないな」と思っているときに「掃除しなさい！」と言われると反発してやる気になれない。

←

「これから掃除しよう」と思っているときに「掃除しなさい！」と言われると、なおさら反発は強くなり、意地でもやりたくなくなる。

←

どちらにしても反発するのである。押しつけがましい説得は、逆効果と肝に銘じよう！

## スリーパー効果とは？

そのときは拒否されても、後になって説得の効果があらわれることがある。これを「スリーパー効果」という。

時間の経過とともに説得者に対する不信感が薄れ、話の内容だけがクローズアップされるため、考え直す気持ちになるのである。

相手がその気にならないときは、とりあえず引いて冷却期間を置こう。

矢継ぎ早に攻め立てると、相手は逃げるばかりである。

恋の駆け引きと同じ、と肝に銘じよう！

仕事の心理学74

商談を成功に導くポイント

# ともにおいしく食事ができる場を持とう

## 接待はなぜ有効なのでしょうか？

おいしいものを食べているときは、だれでも幸せな気分になります。警戒心が薄れるため、食事を共にする相手に親近感や好意を持ちやすく、説得を受け入れやすい状態になります。レストランや料亭で、顧客をもてなしながら商談を進めるのは、こういう効果をねらってのことです。これを「ランチョン・テクニック（luncheon technique）」と言います。

これには心理学的な裏付けもあります。アメリカの心理学者ジャニスらは、食事が説得に及ぼす影響を調べるため、次のような実験を行いました。

被験者の大学生を二つのグループに分け、四つのテーマに関する評論を読んでもらったのです。その際、一つのグループにはコーラとピーナツを提供しましたが、もう一つのグループには何も出しませんでした。

読み終わった後、どのように考え方が変わったか調べたところ、どのテーマにおいても、ピーナッツとコーラを飲食しながら読んだグループのほうが、評論の主張に賛同する人が多かったのです。飲食の快感が評論と結びつき、評論の内容を受け入れやすくなったのではないかと考えられます。また、コーラとピーナッツをもらったのだから、返報性の原理によって、賛同しなければ申し訳ないという心理が働いた可能性もあります。

仕事相手から信頼されるために、また恋人といい関係でいるために、おいしい店や雰囲気のよい店を、日ごろからリサーチしておきましょう。

ランチョン・テクニックは、距離を縮める、商談を成功させるのに効果絶大。

# 「幸せな気分」にさせて成功を得る

## ランチョン・テクニックの効果

おいしい食事によってもたらされる快感が商談のイメージを良くし、話の内容や相手への好感度がアップする。

おいしい食事を楽しみたいので、できるだけ対立や争いを避けようとする心理が働き、商談がスムーズに進む。

## ランチョン・テクニック
## 成功の秘訣

### 相手の好みを事前にリサーチしておく。

たとえば、中華料理が嫌いな人に中華料理でもてなしても喜ばれない。

### おいしい店を選ぶ。

味が良くないと相手は大切にされていないと感じ、機嫌が悪くなるので逆効果。

### 雰囲気の良い店を選ぶ。

うるさかったり、汚なかったりはNG。
リラックスしてなごやかに食事できる店を探す。

### 照明が暗めの店を選ぶ。

合コンと同じで、暗いほうが親密度が高まり、相手との距離が縮まる。

### 自分の行きつけの店に招く。

自分がよく知っている店なら、リラックスしてもてなせる。あなたがリラックスすると、相手もリラックスしやすくなる。

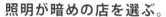

仕事の心理学 75

交渉がうまくいかないときの対処のポイント

# リズムを崩したり、場所を変えたりしよう

## 主導権が握れずリードできないときは…

交渉は、いつも自分のペースで進むとはかぎりません。相手のほうが一枚上手で、気がついたら主導権を握られていたということもしばしばあります。こんなときはどうしたらいいのでしょう。

まずは、相手の話を中断させなければなりませんが、あからさまに話をさえぎると、不快感を与えます。軽く咳払いをしたり、大きく姿勢を変えたりして、相手のリズムを崩すといいでしょう。不意に視線をそらすのも効果的です。なんだろうと思って、相手の集中力がとぎれます。そのすきをついて、巻き返しを図るのです。

もちろん、嫌味な感じにならないように気を付けてください。ふと何かに気を取られたというニュアンスで、さりげなくあらぬ方向を見るのがコツです。

このほか、コーヒーのおかわりを頼んだり、適当な理由をつけていったん席をはずすのもいいでしょう。相手のペースに巻き込まれそうなときは、ちょっとしたしぐさや行動でリズムを崩して、仕切り直すことが大切です。

また、交渉がこう着状態に陥ってしまうこともあります。そんなときは、気分を切り替えるため、場所を変えるといいでしょう。新たな気持ちになって会話が盛り上がり、交渉が進展する可能性があります。

それでもダメなら決して無理押しせず、「では、もう一度検討してみます」と、感じの良態度であっさり引き下がりましょう。最後に好印象を残して立ち去ると、相手が考え直してくれる確率が高くなります。

**自然にその場のリズムを崩す、場所を変える。それでもダメなら無理押ししない。**

# 交渉を成功させる考え方と戦略

## 交渉がうまくいくヒント

### ①交渉の目的をはっきりさせよう

利益を重視するのか、相手との関係を重視するのかで、交渉のスタイルが変わってくる。どういうスタンスで臨むのか、あらかじめきちんと戦略を立てておこう。

### ②ウィン・ウィン（WIN-WIN）で考えよう

交渉相手は敵ではない。同じ目標に向かう同志である。手を取り合って課題を克服していかなければならない。自分ばかりが利益を得ようとすると、交渉はなかなかまとまらない。互いに利益を得る方法を考えよう。

### ③同意しやすいものから始めよう

納期や個数、価格、保証期間など、交渉して決めなければいけないことがたくさんあるときは、同意しやすいものから始めよう。トントン拍子に決まっていくと、その勢いに乗って最後までうまくいきやすい。

価格交渉など、難航しそうなものは後回しにするのが良い。

### ④ぶれず、粘り強く交渉しよう

あらかじめどこまで譲歩できるか決めておき、ぶれないことが大切。粘り強く交渉し、合意に至らなければ仕切り直しをする。安易に妥協しない。

# 気持ちを受け止め聞き役に徹しよう

## 上手にクレームの処理ができるポイント

### 苦情処理がうまくいかなくて悩んでいます…

企業活動にクレームはつきものです。「不良品だった」「商品が届かない」「店員の態度が悪い」など、さまざまな理由で消費者は怒ってクレームを入れます。

これらの怒りは、多くの場合、期待を裏切られたことによって起こります。人は、自分がこう行動すれば、このようになるだろうと予測します。それが思ったとおりにならないと、不安を感じたり怒りを覚えたりします。また、不当な扱いを受けた、侮辱されたと思うと自尊心が傷つき、やはり怒りを覚えます。

お客様は興奮して、不満をすべて吐き出したいという気持ちに駆られていますので、相手の思い違いだったりしても途中でさえぎったりせず、最後まで聞き役に徹しましょう。まずは「ご不快な思いをさせてしまい、申し訳ありません」と、「不快にさせたこと」に対して謝罪します。そしてただ「申し訳ありません」を繰り返すのでなく、「店員の態度が悪く、申し訳ありません」と相手の言葉を復唱して謝罪すると、きちんと聞いてくれていると感じ、徐々に怒りは静まります。言い訳をしないで素直に謝罪し、相手に敬意を表わすことが大切です。

もし相手の思い違いだった場合でも「当方の説明不足でお客様を迷わせてしまい、申し訳ありませんでした」とやんわり言い、相手の非はつかないことです。

怒りが静まったら解決策を示し、早急に適切な処置を講じましょう。誠意のある対応によって、信頼関係が築かれ、お得意さまになってくれることもあります。

**気持ちを受け止め聞き役に徹し、言葉を復唱、誠実に謝罪。とにかく敬意が大事。**

# 敬意を表わすのがとても大切

## ピンチをチャンスに変えるクレーム対応とは？

### グッドマン理論
（米国調査会社ＴＡＲＰ社のジョン・グッドマンが導き出した理論）

**1 購入した商品やサービスに不満を持ちながら、苦情を言わなかった客の再購入率は約１割。残りは他社の客になる。**

↓

**2 不満を持ち苦情を言った客では、処理が迅速で満足できるものであった場合、約８割が再購入する。**

↓

**クレームをつける人は大切な客である。誠実に対応すればリピーターになってくれる。**

### クレーム対応のコツ

①言い訳をせず、素直に謝罪する。
②聞き役に徹し、敬意を表わす。
③適切に相づちを打ったり、相手の言葉を繰り返す。
④相手の言葉に共感を示す。
⑤相手の立場に立って話を聞く。
⑥クレームの原因や問題点を正しく把握する。
⑥相手の怒りがおさまったら、解決策を提示する。
⑦迅速に処置を講じる。
⑧トラブルが解決、善処できたら、相手に手紙やメールで報告し、再度謝罪する。

column

# 平等か公平か

仕事をするからには、その働きに見合った報酬が欲しいと思うのは当然です。報酬には、金銭だけではなく、称賛や評価、昇進なども含まれます。報酬の分配法には、大きく分けて二つの考え方があります。

一つは、その人の労力や業績、貢献度などに応じて分配する公平分配、もう一つはそういうことに関係なく、全員に均等に分配する平等分配です。

平等というと聞こえはいいですが、たくさんの労力を投入して真面目に働いた人も、手抜きをして少ししか働かなかった人も、みんな同じ報酬ではやる気がなくなってしまいます。

あたりまえのことですね。やってもやらなくても同じなら、だれだって「そんなに働かなくてもいいや」という気になってしまうものです。

あまりにも報酬が少ないと感じると、人はその報酬と釣り合うまで、労働量を減らすと言われています。不公平は受け入れがたいのです。

労働意欲をかきたてるには、平等よりも公平を重視しなければなりません。上に立つ人やチームリーダーは、それぞれのメンバーの貢献度をよく見て、公平な分配を心がけましょう。

それが生産性を高めることにつながります。

# Part 4

# 性格を知る心理学

性格の心理学 77

短所を長所に変えるポイント

# 短所と長所は裏表の関係だと認識する

## 私は変われる？ 人は変えられる？

努力すれば性格は変えられるのでしょうか。そもそも性格はどのように形作られるのでしょう。

性格という言葉は、心理学では、キャラクター（character）の訳語として用いられています。語源はギリシャ語で「刻みつけられたもの」という意味です。後天的な要素が強く、生まれつきの資質に経験や環境が刻みこまれて形成される、と考えられています。

同じような意味を表わす言葉にパーソナリティ（personality）があります。日本語では人格と訳され、道徳的ニュアンスなど付加価値が含まれますが、パーソナリティには、そのような意味はありません。パーソナリティの語源はラテン語のペルソナ（persona）です。これは俳優が付ける仮面のこと。私たちも俳優のように、役割に合わせて仮面を付け替えているのです。

さらにもう一つ、「気質」という言葉があります。語源は「ほどよく混ぜ合わされたもの」という意味のラテン語です。気質は先天的なもので、その人の体質や生理的な働きと密接に関係しています。

この気質は変えられませんが、キャラクターとパーソナリティは、努力しだいで変えることが可能です。ただし、あなたの思い通りになるかどうかはわかりません。

より簡単なのは、短所を長所に変えること。短所と長所は裏表の関係にあるのです。たとえば、神経質な人はクヨクヨしがちですが、逆に言えば気配りできる人です。見方を変えるだけで、より好ましいあなたに早変わり。

「臆病」は「慎重」、「大ざっぱ」は「大らか」。見方によって短所も長所になる。

# 性格は３つの要素からできている

## 性格は三重構造になっている

**性格はその人の思考や行動を特徴づける一貫した傾向で、次のような三重構造になっている。**

### 気質　テンペラメント（temperament）

語源：ほどよく混ぜ合わせされたもの（ラテン語）
各自の個性のベースになる。
先天的なもので生涯変わらない。

### キャラクター（character）

語源：刻みつけられたもの（ギリシャ語）
気質とともに人間行動の核心となる。
経験や環境の刺激によって変化する。

### パーソナリティ（personality）

語源：仮面・ペルソナ（ラテン語）
気質とキャラクターのプロテクターのようなもの。
状況や役割によってさまざまに変化する。

この３つが複雑にからみあって、性格はできているんだね。
性格に優劣はないよ。性格を変えるというより、君の長所をもっと伸ばしたり、短所を長所にしちゃえば、より魅力的になれるよ。

性格の心理学78

自分を成長させるポイント

# しりごみしないでトライしてみよう

## 新たなポジションが務まるか不安です…

ぱっとしなかった人なのに、リーダーに選ばれて、いろいろな仕事をこなすうちに、リーダーらしく堂々としてきた、というのはよくあることです。

人間は何かの役割やポジションを与えられると、積極的にその役割を演じようとします。これを「役割性格」、あるいは「ロール・キャラクター」と言います。はじめは「こんな大役が務まるのだろうか」と、本人も周りの人も案じるようなことでも、思い切ってやらせてみると、いつのまにかそれらしい風格が漂うようになるのです。

医者が医者らしく、教師が教師らしくなるのも、この役割性格の効果と言えます。社会生活を円滑に営むうえで、役割性格を身に付けるのは必須のことと言えます。

特別の役割ではなくても、私たちは日常的にさまざまな役割を演じています。たとえば、1人の男性が、職場では頼もしい先輩、家庭ではのんびり気ままな息子、恋人といるときはちょっとカッコつけの彼、友達と飲んでいるときは弾けた若者、というふうに、その場に合わせて顔を使い分けます。さらに、結婚したら夫の顔も加わりますし、子どもができたらパパとしての役割も担うようになります。

周囲の期待に応え、それぞれの役割にふさわしい人間になろうと努力することで、私たちは成長できるのです。もし、大きなプロジェクトをまかされたり、リーダーに推薦されたりしたら、しりごみしないでトライしてみましょう。新たな自分を発見できるはずです。

できっこないと思う「役割」をしゃにむに務めることが自分を成長させてくれる。

# 「役割」があなたを成長させる

## 役割性格とは？

**役割性格＝ロール・キャラクター**

↓

**みんな、状況や役割に合わせて意識して、あるいは無意識に仮面を付け替えている。**

↓

**社会に適応するには、役割性格を上手に変えていくことが大切。**

職場では頼もしい先輩

恋人の前ではちょっとカッコつけの彼

家庭では
のんびり気ままな息子

飲み会では弾けた若者

サークルでは真面目な演奏者

医者が医者らしく、リーダーがリーダーらしく、アイドルがアイドルらしくなるのも、役割性格のおかげなのである！

性格の心理学 79

自分を知るポイント

# 四つの自分があることを知ろう

## 思い込みと違う「自分」に驚きます

自分の性格は意外にわかっていないものです。自分ではきちょうめんなつもりでも、他人に「あなたっておおざっぱね」と言われて、びっくりすることもあります。

アメリカの心理学者ジョセフ・ラフト（Joseph Luft）とハリー・インガム（Harry Ingham）は、人間には四つの自分があるとし、「対人関係における気づきのモデル」を考案しました。これを2人の名前をとって「ジョハリの窓（Johari window）」と言います。

まず、自分は大きな一つの窓だと考えてみましょう。窓には格子が入っていて、四つに分かれています。

第一の窓に見えるのは、自分自身も他人も知っている自分です。これを、開放された自己と言います。この窓が大きい人は、自己開示が進んでいるので、スムーズに他人とコミュニケーションがとれます。

第二の窓に見えるのは、自分自身は知らないけれど他人は知っている自分です。これを盲点の自己と言います。この部分が大きい人は、友人や家族のアドバイスに耳を傾けフィードバックするように努めると、成長できます。

第三の窓にいるのは、自分自身は知っているけれど他人は知らない自分です。これを隠された自己と言います。この領域が大きい人は、他人とのコミュニケーションがぎくしゃくしがちです。ありのままの自分を素直に表現して、この窓を小さくするように心がけましょう。

第四の窓には自分も他人も知らない自分がいます。これは未知の自己です。無限の可能性が秘められています。

さまざまな人と触れ合って、未知の自己を知り、開放された自己を広げよう。

# 人間には四つの自分がある

## ジョハリの窓

**今、自分の窓がどうなっているかを考えることによって、真の自分の姿に気付ける。**

### 開放された自己

自分も他人も知っている自分。

### 盲点の自己

自分は知らないが、他人は知っている自分。

### 隠された自己

自分は知っているが、他人は知らない自分。

### 未知の自己

自分も他人も知らない自分。

**四つの窓の大きさは自由に変えられるよ。人は他人とのかかわりの中で、本当の自分を見つけていくんだ。君の広げたい窓はどれだろう？**

性格の心理学 80

# 行動や考え方の転換を心がけよう

病気のリスクを低くするポイント

## 心臓病、ガンになりやすい性格がある？

せっかちで競争心が強い仕事人間は、心臓病になりやすい――。これはタイプAといわれる人たちの特徴です。

このタイプAを提唱したのは、アメリカの医師、フリードマンとローゼンマンです。2人は、心臓疾患がある患者には、共通の行動パターン、性格傾向があることを発見したのです。タイプAの人たちは、何事にもイライラしがちで、ストレスを感じやすくなっています。体は常に戦闘モードにあると言っていいでしょう。これが心臓病のリスクを高めるのです。

タイプAの対極にいるのがタイプBです。この人たちはのんびりしていてマイペース。周りの人ともリラックスしてつき合えます。ストレスに強いタイプと言えます。

さらに、最近はガンになりやすいと言われる、タイプCに注目が集まっています。このCは、Cancer（キャンサー＝ガン）の頭文字です。タイプCは控えめで協調性があり、必要以上に他人に気を使います。我慢強く、怒りや悲しみなどの感情を、あまり外に出しません。

いわゆる「いい人」です。しかし、常に感情を抑え込んでいるため、知らず知らずのうちにストレスがたまってしまうのです。これが免疫力を弱め、ガンのリスクを高めると考えられています。頼まれたらいやと言えない人や自己主張できない人は要注意です。

あなたはどのタイプでしょうか？ タイプA、あるいはCの自覚がある人は、行動や考え方の転換を心がけると生きやすくなり、病気のリスクが低くなるでしょう。

ストレスをためやすい性格は免疫力の低下を招き、病気を呼び寄せることも。

# 性格によってなりやすい病気が違う

## それぞれのタイプの特徴

**タイプA**　心臓疾患を発症しやすいタイプ

**1** 攻撃的。
**2** 競争心や向上心が強い。
**3** 仕事人間。
**4** せっかちで早口。
**5** いつも時間に追われて、せかせかしている。
**6** すぐにイライラする。

**タイプB**　ストレスに強いタイプ

**1** 常にマイペース。
**2** 楽観的。
**3** リラックスしている。
**4** 素直に自分を表現できる。
**5** 好奇心旺盛で情緒が安定している。
**6** 自己肯定感を持っている。

**タイプC**　ガンになりやすいタイプ

**1** 控えめで口数が少ない。
**2** 協調性がある。
**3** 周りに気を使いすぎる。
**4** 我慢強く自己犠牲的。
**5** 感情を出さない。
**6** 絶望感や無力感にとらわれやすい。

AとBは単なる記号だが、Cは単なる記号じゃないよ。単語のイニシャルをとったもの。タイプAやタイプCの人は、病気を招きやすいんだ。
感情を抑えこまないことが大切だよ。
ストレスは上手に発散しよう。
意識してリラックス、リラックス――。

性格の心理学 81

生きやすくなるポイント

# 自責タイプは、何事も楽観的に考えよう

## 原因は自分にあると思うか、状況のせいだと思うか

同じことが起こっても、それをどう受け止めるかは人それぞれです。

テストの成績が悪かったとき、「自分の努力不足だ。もっとしっかり勉強すればよかった」と反省する人と、「自分があまり勉強してないところばっかり出た。今回は運が悪かったな」と考える人がいます。

このように、何かの結果が出たときに、その原因を自分に求める人を内的統制型、外部に求める人を外的統制型と言い、この概念を統制の所在（Locus of Control=LOC）と呼んでいます。

物事の結果をコントロールするのは自己だと思うか、他者だと思うかで分けているわけですが、どちらが良いとか悪いのではなく、一種の性格の特徴と言えます。

内的統制型の人は、すべては自分の努力や能力しだいと考えているので、何事にも主体的に取り組むことができます。ただし、失敗したときには自分を責め、落ち込みが激しくなる傾向があります。

その点、外的統制型の人は割り切りが早く、失敗してもストレスをためこむことは少ないでしょう。ただし、十分に反省しないので、同じ失敗を繰り返しがちです。また、「あの人は責任転嫁ばかりしている」と、周りの人に苦々しく思われることもあります。

自分を責めるタイプの人は肩の力を抜いて、失敗は次に生かせばよい、と楽観的に考え、責任転嫁しがちな人は、自分にも問題がなかったか考える癖をつけましょう。

**どちらかに偏りすぎると、生きにくくなる。失敗の原因を素直に見極める気持ちを。**

# 自分のタイプの長所と短所を知ろう

## 統制の所在（ＬＯＣ）

### あなたはどっちのタイプ？

### 仕事でミスが出たとき、こんなふうに考える。

内的統制型の人

1 自分の努力が足りなかった。
2 どうしよう自分のせいで、こんなことになって。
3 きちんと失敗の原因を突き止めよう。
4 自分さえ努力すれば、今度はうまくいく。

外的統制型の人

1 私のせいじゃない。
2 忙しすぎてちゃんとやる暇がなかったんだ。
3 くよくよしてもしょうがない。
4 運が悪かっただけだから、今度はうまくいく。

### 成功したときは、こんなふうに考える。

内的統制型の人

1 自分が努力したからだ。
2 私って頭がいい。天才かも。

外的統制型の人

1 ラッキーだった。
2 みんなが助けてくれたおかげだな。

# じつはだれでも当てはまる言葉に要注意

占いでだまされないポイント

## 血液型を言い当てられることが多いんですが…

性格占いはいろいろありますが、日本人にもっともなじみが深いのは、血液型占いではないでしょうか？

A型の人は真面目できちょうめん、O型の人は面倒見が良くておおざっぱ、B型の人はマイペースで気分屋、AB型の人は合理的で天才肌、などとよくいわれます。日本人の場合、A、O、B、ABのそれぞれの比率は4対3対2対1となっています。血液型占いは、日本独特の文化と言われるほど広く認知されています。

「あなた、A型でしょ？ 今、そのボールペンまっすぐ置いたじゃない。神経質なところがあるでしょう？」などと言われると、なんとなく当たっているような気がするから不思議です。

だれだって多少は神経質なところがあるので、当たっていると思い込んでしまうのですね。これを「認知的適合感」、または「バーナム効果」と言います。

血液型は4種類しかないため非常に単純でわかりやすいうえ、「マイペース」「おおざっぱ」「合理的」など、だれにでもあてはまりそうなところがミソです。

血液型と性格との関係については、医学や心理学、生理学など、さまざまな分野で研究が行われていますが、現在のところ、科学的な根拠は見つかっていません。

しかし、血液型が性格に影響を与えないと断定はできません。いつか、科学的根拠が明らかにされる日が来るかもしれません。それまでは、場を盛り上げ、相手と親しくなるツールの一つとして楽しめばいいでしょう。

一つ二つと思い当たるとあたっている気がする。バーナム効果のなせるワザ。

# 血液型占い、当たる気がするのは

## 認知的適合感って？

「あなたO型？」
「なんで？」
「ちょっとおおざっぱだよね」
（ドキッ！　当たってる……）

→ ちょっとおおざっぱな人はいっぱいいる。A型にもB型にも、AB型にも。

→ でも、「そのとおりだ、当たっている」と思い込んでしまう。

「O型の人は、おおらかでおおざっぱで、楽天的で面倒見がいいのよ」

（オオッ！　当たっている……）

→ 1つか2つでも当たっている項目があると、そこにだけ注目して、当たっていると思い込む。

いろいろな占いが当たっている気がするのは、この認知的適合感のおかげ。自分に都合が良いことだけ信じておけば良いのである！

性格の心理学83

魅力的な人になるポイント

# こころの知能指数（EQ）を高めよう

## いい人間関係を築けるEQとはどんなもの？

ＩＱ（Intelligence Quotient／知能指数）の高さが、幸せに直結するわけではありません。学生時代は成績優秀でも、社会に出て失速する人は多いもの。ＩＱだけでは、人間としての力は測りきれません。

アメリカの心理学者ダニエル・ゴールマンは、人間が幸せになるには円満な人間関係を築く能力が必須、と説きました。これを「ＥＱ（Emotional Quotient）」と言います。「こころの知能指数」とか「感情指数」と呼ばれることもあります。ゴールマンは、ＥＱは次の五つの能力で成り立っていると指摘しています。

①自分の感情を知る。
②自分の感情を上手にコントロールする。
③目標に向かって努力できる。
④他人の気持ちをくみ取り、共感できる。
⑤人間関係を上手に築いていける。

こういう能力はだれでも持っていますが、すべての能力がバランスよく発達しているとはかぎりません。個人差があり、対人関係が得意な人もいれば、苦手な人もいます。また、今は苦手だとしても、ＥＱは努力しだいで高められます。自分の性格を思いどおりに変えるのは難しいですが、ＥＱを磨くことによって、人に好かれる魅力的な人間になることは可能です。

人間関係がうまくいけば、自分に自信がつき、ますますあなたは輝けるはず。まずは、今、自分がどういう感情を抱いているのか知ることから始めましょう。

「こころの知能指数」は努力で高められる。人に好かれる魅力的な人間になろう。

# EQを高めれば人間関係はうまくいく

## EQを高めるヒント

1 今、自分はどんな感情を持っているのか、自分に問いかけてみよう。その瞬間に心が穏やかになるはず。
意識して、自分の感情をとらえるように心がけることが大切。

2 イライラや怒りをコントロールできているか、自分に問いかけてみよう。
攻撃的にならないこと。自分の感情に振り回されないこと。

3 はっきりした具体的な目標を持ち、自分の意欲を高めよう。
少し視点を変えてみると、たいへんな仕事でも「期待されている」と積極的に取り組める。もし、失敗しても楽観的に考えること。

4 相手の心情を的確にくみ取って共感を示しているか、思いやりをもって接しているか、自分に問いかけてみよう。
感情を表現する言葉をできるだけたくさん知れば、自分や相手の感情をより正確につかめるようになる。

5 感情というものを理解して、他者に適切な対応ができているか、自分に問いかけてみよう。
「うれしい」「楽しい」「ワクワクする」「喜び」など、前向きの感情を生み出すように努力しよう。

**人間は感情の動物である。**
**感情を理解し、上手にコントロールすれば、人間関係もうまくいく！**

性格の心理学 84

人前であがることがなくなるポイント

# 自己成長のためと肯定的に受け止めよう

## 私は「あがり性」「人前で話すのが苦手」です。

大勢の人の前でスピーチをするとき、緊張して声が震えて、ふだんのようにすらすら言葉が出てこなくなることがあります。これは多くの人が経験することです。多少あがっても、ちょっとくらい失敗しても平気と開き直れば、なんとか乗り切れるものです。

しかし、あがり性の人はそう簡単には割り切れません。まじめで完璧主義で、他人からの評価を非常に気にするからです。「失敗したら恥ずかしい」という気持ちが人一倍強いので、よけいに緊張してあがってしまうのです。

それが続くと、「私はあがり性だ」「私は人前で話すのが苦手だ」という意識に縛られ、ますますうまく話せなくなります。自分でダメだ、ダメだと暗示をかけているようなものですね。

なぜ、そんなにあがることを怖がるのでしょう。かっこ悪いから？　気の小さいやつだと思われるのがいやだから？　あがったからといって、犯罪をおかしたわけではないと思えば、少し気が楽になりませんか？　だれしも、弱い部分や苦手なことはあります。それをさらけ出すのは恥でもなんでもありません。あがりから逃げないで、自分を成長させる試練と肯定的に受け止め、少しずつ改善していきましょう。

ただし、その度合いがあまりにも強く、日常生活にも支障をきたす場合は、社会不安障害（ＳＡＤ）と呼ばれる病気かもしれません。このようなときは、専門医の診察を受けてください。薬物療法や精神療法が有効です。

**自分を成長させる試練と肯定的に受け止め、少しずつ改善しよう。**

# 完璧な人はいないと開き直ろう

## あがり症を克服するヒント

1「たいていの人はあがる、自分だけではない」と言い聞かせる。

2「ちょっとぐらい失敗してもだいじょうぶ」と開き直る。

3 あがるのがいやだからと、スピーチから逃げない。逃げるとますます怖くなる。
向かっていくと恐怖は去る。

4「あがったらどうしよう」と思うからあがる。「あがってもいいや」と思えば楽になる。

5「私はあがっても、ちゃんと最後まで話せる」と繰り返し自分に言い聞かせる。実際に、みんなあがりつつも最後まで話している。

6 自分を高め、成長させる機会と前向きにとらえる。

7 完璧にしなくちゃ、というこだわりを捨て、あるがままの自分を受け止める。

性格の心理学 85

相手や自分の本音を知るポイント

# 「錯誤行為」から本音を読み取ろう

## ただの間違いでなくイミがあるのですか？

日常生活の中で、言い間違いをしたり、書き間違いをすることはよくあることです。このような行為を、深層心理学では「錯誤行為」と呼んでいます。

あまりにもありふれたことなので、私たちはいちいち気にしませんが、フロイトは、錯誤行為は無意識の表われであると考えました。つまり、心の奥底にある本音がうっかり出てしまった、というわけです。

たとえば、これから会議を始めようとしているのに、司会役の人が「では、閉会します」と言ってしまったケースなどはわかりやすいですね。無意識下に閉じ込めていた、「会議を早く終わらせたい」「うまく進行できるかどうか不安」などの気持ちが「閉会」という言い間違いになったと考えられます。

このほか、度忘れにも深層心理がかかわっていると、フロイトは指摘しています。たとえば、どうしてもある人の名前が出てこない場合は、本当はその人が嫌いなのかもしれません。思い出すことを妨害しようとする、無意識の意志が働いていると考えられるのです。

また、気に入らない食器を割ってしまったり、けんか別れをした元カレからのプレゼントをどこかに置き忘れたりなども、遠ざけたいという無意識の意志がそうさせているのかもしれません。

このように、なんでもない間違いやミスに、本音が表われていることがあります。「あれっ？」と思ったら、心の中を探ってみるといいでしょう。

錯誤行為は無意識の意志が働いたもの。押し殺した本音が表われている。

# 心の奥底の本音が顔を出している

## ひょっとしたら、こんな本音が隠れているのかも？

「閉会宣言」のつもりで「閉会宣言」をしてしまった。
早く会議を終わらせたい、さっさと帰りたい。

「おはようございます」のつもりで「お疲れさまでした」と言ってしまった。
仕事を早く終わらせたい。

会議に必要な書類を忘れた。
その会議に出たくなかった。

ある人の名前が思い出せない。
本当はその人が嫌い。

知っている場所なのに迷ってしまった。
その場所に行きたくない。

恋人からもらったアクセサリーをなくした。
この人と別れたい。

もらいものの食器を割ってしまった。
気に入らないので、使いたくなかった。

続柄を「妻」と書こうとして「毒」と書いてしまった。
あまりにも本音？？？？

自分の心を軽くするポイント

# 自分の存在を認めて受け入れよう

## 「ぼくなんか、どうせ何をやってもうまくいかない」

あなたはプラス思考ですか？　それともマイナス思考のほうでしょうか。悲観的なことばかり考え、自分はダメだ、ダメだと思っていると、人間はどんどん無気力になっていきます。ダメだという思いに支配されていたら、何かにチャレンジしようなどという気持ちにはとうていなれません。明るい展望が見えるから、自分ならやれると思うからこそ、人は意欲的になれるのです。

自分を肯定的にとらえ、自分を大切にする気持ちをセルフ・エスティームと言います。心理学では自尊感情とか自己肯定感と訳しています。

アメリカの心理学者ウィリアム・ジェームズは、自尊感情は、自尊感情＝成功　願望という公式で表わせると説きました。

つまり、同じぐらい成功したとしても、成功願望が強い人ほど自尊感情が高まりません。もっと自分はできるはず、もっと大きな成功が欲しい、と思うわけですね。もっとも、何をもって成功とするかは人それぞれです。

また、アメリカの心理学者ローゼンバーグは、自尊感情には2種類あると言います。一つは他者と比較して「とてもよい（very good）」と考えるもの。もう一つは、自分の中の基準をベースとして、「これでよい（good enough）」と自分を受容するものです。

真に自尊感情が高い人は「とてもよい」ではなく、「これでよい」と考えます。あるがままの自分をかけがえのない存在として認め、受け入れているのです。

**「これでよい」と自分の存在を認めて受け入れるのが大切。生きるのが楽になる。**

# かけがえのないあるがままの自分

## 自尊感情が高い人、低い人

**自尊感情とは、あるがままの自分を尊重して大切に思う気持ち。自尊心、自己肯定感とも言う。**

### 自尊感情が高い人

自信を持って行動できる。
何事にもプラス思考で積極的に取り組める。
自分と同じように他人を尊重し、
思いやりをもって接することができる。

### 自尊感情が低い人

何事にも自信が持てず、自分を卑下する。
他人の評価がとても気になる。
人間関係がうまく築けない。
不登校になったり引きこもりになったり、
攻撃的になったりすることもある。

### 自尊感情を高める方法

1 小さな目標を立て、一つずつ達成して、達成感を積み重ねる。
2 どんなことでもいいから、今できることを一生懸命する。
3 がんばっている自分を認めて、誇りを持つ。

「very good」な自分より、「good enough」な自分を目指そう。他人より優れているかどうかより、自分なりに満足できるかどうかが大切だよ。

性格の心理学87

自己成長のポイント

# 満たされないからこそ人は成長できる

## いつもどこかに満たされない気持ちがあります

人間の欲望にはキリがありません。一つの欲求が満たされるとまた次という具合に、さらなる欲求が沸き起こります。ですから、大半の人は常に欲求不満にさらされている、と言えるでしょう。

アメリカの心理学者アブラハム・マズローは、人間の欲求には優先順位がある、下位の欲求が満たされると一段上の欲求が生まれ、それを充足させるために人は行動を起こす、と考えました。こうして、段階的に欲求はレベルアップしていきます。欲求には、基本的欲求と成長欲求があり、5段階に分けられます。

①生理的欲求　食事、睡眠、排泄など、生きるための最低限の欲求。

②安全欲求　生存を脅かされる心配のない、安全で安心できる生活を送りたいという欲求。

③所属と愛の欲求　他者に受け入れられたい、愛されたい。どこかの集団に所属したいという欲求。

④承認（尊重）の欲求　ありのままの自分を肯定したい。他人に認められ、人として尊重されたいという欲求。

⑤自己実現の欲求　自分の能力や可能性を最大限に発揮して、あるべき自分になりたいという欲求。

①から④までが基本的欲求で、これらが満たされて初めて⑤の成長欲求が起こります。欲求を一つクリアするごとに、人は成長していきます。ですから、欲求不満に陥るのは必ずしも悪いことではありません。成長の糧と前向きにとらえ、努力することが大切なのです。

欲求を満たすために人は努力し、成長していく。ストレスでなく成長の糧。

# 欲求を満たすために人は努力する

## マズローの欲求５階層説

マズローは「人間は、自己実現に向かって絶えず成長する生き物である」と定義した。
下位の欲求がすべて満たされないと、自己実現の欲求は起こらない。

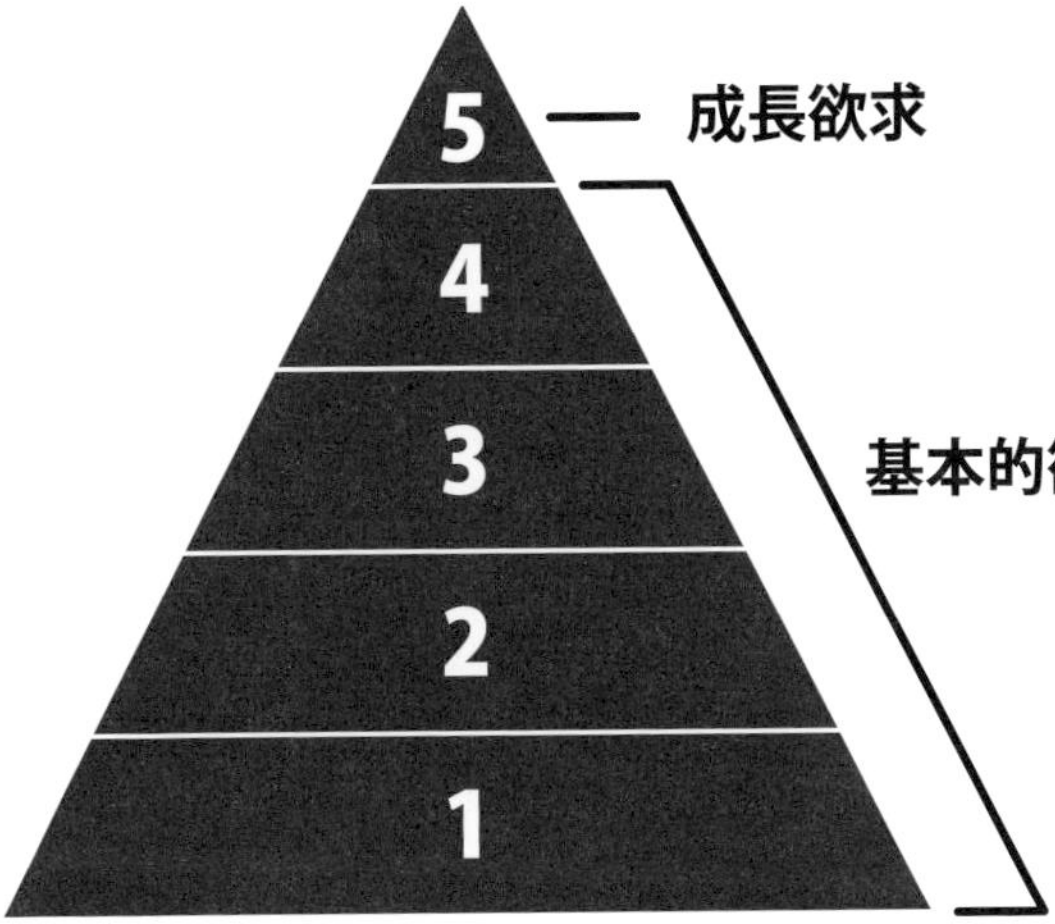


1 衣食住を確保したい。

2 安全な場所に住みたい。安定した生活を送りたい。

3 仲間が欲しい。恋人が欲しい。

4 自分を認めてほしい。尊敬されたい。

5 自分の能力を発揮したい。夢を実現したい。

欲求不満があるから、人は成長できるのである！

**監修**

**浮谷　秀一**

1953年千葉県生まれ。

現職は、東京富士大学特任教授。

日本大学大学院修士課程、明星大学大学院博士課程で心理学を専攻。

専門分野は、学習心理、パーソナリティ(性格)心理、感情心理、社会心理。

所属学会は、日本パーソナリティ心理学会、日本応用心理学会、日本社会心理学会他。

前日本パーソナリティ心理学会理事長(2009年8月から2015年9月まで)。

主な編著書は、『こころの発達と学習の心理』(啓明出版)、『心理学―行動の科学―』(東京教学社)、『ビジネスの心理学』(八千代出版)、『パーソナリティ心理学ハンドブック』(福村出版)、『日本パーソナリティ心理学会20年史』(福村出版)、『クローズアップ「メディア」』(福村出版)、『知能・性格心理学』(北大路書房)他。

企画・構成：有限会社イー・プランニング
企画協力：株式会社EQアカデミー
イラスト：ドゥドゥデザイン　横山史
DTP：ダイアートプランニング

**「人間関係の心理学」**

**すぐに使える！人づきあい改善のポイント**

2020年　6月30日　　　第1版・第1刷発行

監修者　浮谷秀一（うきや しゅういち）
発行者　株式会社メイツユニバーサルコンテンツ
　　　　（旧社名：メイツ出版株式会社）
　　　　代表者　三渡　治
　　　　〒102-0093 東京都千代田区平河町一丁目1-8
　　　　TEL：03-5276-3050（編集・営業）
　　　　　　　03-5276-3052（注文専用）
　　　　FAX：03-5276-3105
印　刷　株式会社厚徳社



ご意見・ご感想はホームページから承っております。
ウェブサイト　https://www.mates-publishing.co.jp/
編集長：折居かおる　副編集長：堀明研斗　企画担当：大羽孝志／千代　寧

※本書は2012年発行の『わかる！使える！人間関係の心理学』を元に加筆・修正を行っています。